KB005949

안전운전을 위하여

운전자가 꼭 봐야 할 책!!

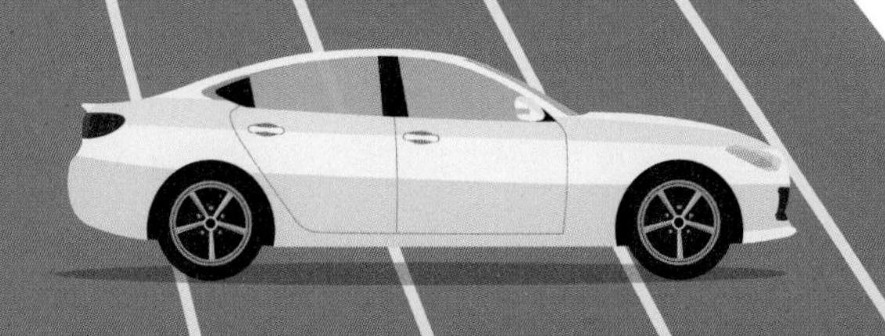

이 책을 펴내며......

'도로교통공단' 발표자료에 의하면 대한민국의 교통사고는 매년 수십만 건이 발생한다. 이에 따른 부상자는 연간 수십만 명, 사망자는 약 3천 명에 이른다. 교통사고로 인하여 매일 수십 명이 다치거나 죽고 있다. 교통사고의 절대다수는 운전자에 의해서 발생한다. "왜 그럴까?" 운전미숙!!, 교통법규위반!!, 졸음운전!! 등이 주요 원인이기 때문이다.
그중에서 운전미숙은 초보운전 때 '운전 노하우'를 제대로 배우지 못해서 일 것이다.

누구나 자신에게 다음과 같이 물어보자.
"내가 '운전면허'를 처음 취득했을 때,
'운전 노하우'를 누가 가르쳐 주었나요?"

대부분의 운전자들은 운전면허 취득 후 운전이 아직 숙달되지 않은 채 위험을 무릎쓰고 도로에 나와 옳고 그름을 제대로 숙지하지 못한 상태에서 나름의 방법으로 운전하면서 운전자가 된다. 이처럼 올바른 운전 방법의 노하우 습득 없이 운전을 하게되면 잘못된 운전 방법인지 아닌지도 평생 모르게 되며, 그로 인한 교통사고에서도 평생 자유로울 수가 없게 된다.
그리하여 운전을 하기 전, 운전자들에게 올바른 운전 방법과 교통법규를 잘 지키고 안전 운전을 할 수 있도록 도와주어 소중한 생명과 재산을 지켜 즐겁고 행복한 자동차 운전 생활이 될 수 있도록 이 도서를 집필하게 되었다.

항공기 조종사가 완전무결하게 조종하듯이 운전도 완전무결하게 해야 한다.
이 점을 간과하기에, 항공기 사고는 거의 없지만 교통사고는 잘못된 운전 방법과 습관으로 연간 수십만 건이 발생하여 수많은 사람이 다치거나 죽는 것이다.
저자의 37년간의 실제 운전 경험에서 얻은 운전 노하우를 토대로 구성하였으며, 사진을 곁들여 책 읽는 지루함이 없도록 했고, 흥미와 이해도를 높였다.
이 내용을 바탕으로 안전운전을 실천한다면, 수십 년 경력의 수많은 운전자를 조기에 능가할 것으로 생각한다.
책의 차례를 통해 사전처럼 활용한다면 더욱 유익해질 것이다.
여러분 감사합니다.

안전운전연구가 장동수 지음

이 도서의 활용방법

처음부터 끝까지 정독한 후, 모든 내용을 다 익힐 때까지
차례를 통해 사전처럼 활용한다.

이 도서에 수록된 내용은 상식과 이치, 관련 법규에 근거해서 합리적으로 신뢰할 수 있는 내용으로만 구성하였다.
만약 정확치 못한 부분이 있거나 모호한 부분이 있다고 생각된다면, 관련 법규와 포털사이트 등을 통하여 사실 여부를 스스로 파악할 수 있으며 좀 더 자세히 알 수 있다.

차례

[A 파트]

1. 운전하기 전, 유의할 점

2. 운전장치 숙지 / 계기판 숙지

3. 편의장치 관리법 숙지하기

4. 차폭감 익히기

B 파트

1. 운전시작

2. 주차하기

C 파트

1. 차선변경

D 파트

1. 교차로 통행방법

E 파트

1. 상황별 운전

F 파트

1. 고속도로 운전

2. 교통사고 대처하기

3. 비상시 응급조치

4. 기본적인 차량 관리

PART A - 운전하기 전, 유의할 점

■ 운전실력 빠르게 기르기

운전의 골격을 10가지로 나누면 다음과 같다.

1. 차 폭감 익히기
2. 출발하기
3. 정지하기
4. 직진하기
5. 좌회전하기
6. 우회전하기
7. 유턴하기
8. 주차하기
9. 차선 변경하기
10. 후진하기

위의 10가지를 어느 정도 익히고 나면 나머지는 아주 쉽게 익힐 수 있게 된다.
하지만 너무 미숙하다면 경찰청에서 인가한 일반 '자동차운전학원' 에서 며칠만이라도 연수 받기를 권장한다.

위의 10가지 기본기를 익힌 사람 중 ① 운전 연수 전, 이 책을 먼저 읽거나 ② 위의 ①의 경험을 바탕으로 연수를 마친 후, 한번 더 이 책을 읽는다면, 1주일 안으로 자신의 놀라운 운전실력 향상을 경험하게 될 것이다.
이 책을 읽고 난 후 사전처럼 활용한다면 조기에 베스트 드라이버가 될 것으로 확신한다.

※ 자동차 운전을 올바르게 배워서 안전운전 습관을 길러야 한다.

운전도 항공기 조종처럼 완전무결하게 해야 한다.

운전을 너무 쉽게 생각하기에 교통사고가 매년 수십만 건이 발생하여 수많은 사람이 중경상을 입고, 매년 사망자는 3,000명 이상이 발생한다.

비행기 조종을 자동차 운전처럼 쉽게 생각하면 어떻게 될까?
수시로 추락 사고 등이 발생할 것이다.
그러나 항공기 조종은 완전무결하게 하기에
10년에 한 번쯤 사고가 있을까, 말까이다.

1. 운전하기 전, 유의할 점

■ 운전석에 앉기 전에 점검해야 할 사항

1. 본인의 운전면허증을 소지했는지에 대한 여부 (만약 운전면허증이 없다면 절대 핸들을 잡아서는 안된다.)

   ※ 운전면허증 휴대의무 위반이 된다.

2. 본인이 운전할 차에 종합보험이 가입 되었는지, 가입이 되어 있다면, 그 보험이 나에게도 적용이 되는지를 먼저 확인해야 한다.

   ※ 보험적용이 안 되는 차는 운전하지 말아야 한다.

   ※ 누군가에게 차를 빌려줄 때는 종합보험 적용이 안 되는 차는 빌려주면 안 된다.

   ▶ 사고가 나게 되면 정말 심각한 상황에 부닥쳐질 수 있으니, 운전 할 차의 보험 여부에 대해서는 운전하기 전에 꼭 확인해야 한다.

■ 운전에 적합한 신발은?

▶ 순발력에 장애가 안 되는 구두, 운동화 등 가볍고 편한 신발 착용이 바람직하다.

■ 운전에 부적합한 신발은?

1. 하이힐, 슬리퍼 등 불안정한 신발
2. 등산화, 축구화 등 무겁고 불안정한 신발

   ※ 0.1초 안에 브레이크를 밟아야 하는 돌발 상황에서는

   ① 무겁거나 불안정한 신발은 순발력을 떨어트린다.

   ② 슬리퍼 등이 브레이크 발판 모서리 부분에 순간적으로 걸리게 되면 사고로 이어질 수 있기 때문이다.

운전 시 왼발과 오른발의 위치

1. 왼발은 45도로 된 발 받침대에 밀착시킨다.
2. 오른발은 브레이크 아래쪽에 발 뒤꿈치를 위치시킨다.

2. 운전장치 숙지 / 계기판 숙지

운전석 조정 방법

1. 운전석에 앉는다.

2. 왼발은 45도로 기울어진 발 받침대를 밟는다.

3. 오른발은 브레이크를 끝까지 밟는다.

4. 엉덩이를 등받이 밑에 밀착시킨다.

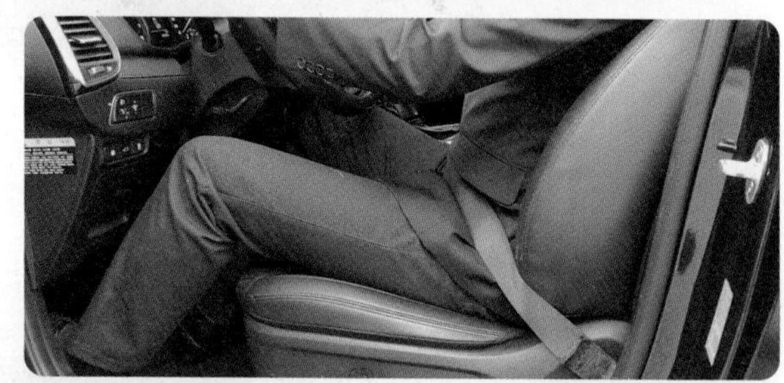

5. 오른손바닥으로 오른쪽 무릎을 감싼다.

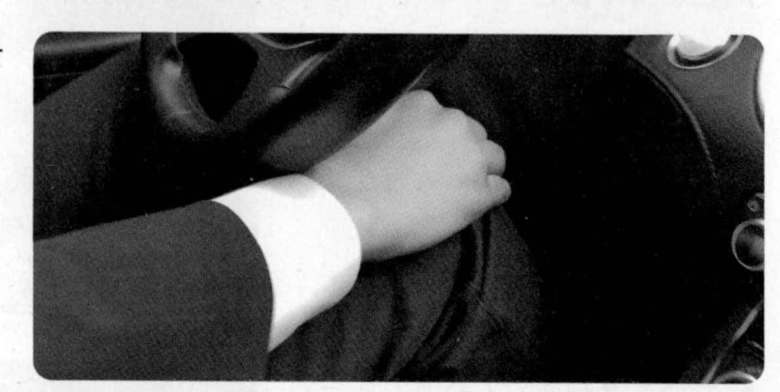

6. 무릎을 감싼 손등이 핸들 중심축에 살짝 닿도록 조정한다.

① 핸들 축과 오른쪽 무릎 사이의 간격은 신체조건에 따라 조금씩 가감하면 된다.

② 하지만, 등받이 밑과 허리 사이에 공간이 없도록 해야만 운전 피로가 가중되지 않는다.

7. 팔을 앞으로나란히 해서 손바닥과 손목의 경계 부분을 핸들의 최상위 안쪽(1~2cm 정도)에 올려놓는다.

8. 핸들 최상위 안쪽(1~2cm 정도)에 올려진 오른손과 몸은 그대로 멈춘 상태에서, 왼손으로 조정 레버를 작동시켜 등받이를 등에 밀착시킨다.

운전석 조정 방법의 포인트

1. 왼쪽 신발 바닥이 발판에서 떨어지지 않아야 하고,

2. 손목은 핸들 최상위 안쪽(1~2cm 정도)에 올려지게 해야 하며,

3. 상체가 앞으로 기울어지거나,

*상체가 앞으로 기울어지면 불안정해 보이고, 운전 피로가 쉽게 가중되며 긴급 상황에서는 순발력이 떨어진다.

4. 상체가 뒤로 쳐지지 않게 조정해야 한다.

*상체가 뒤로 쳐지면 긴급 상황에서 순발력이 떨어지고, 장거리 운전 시에는 졸음운전이 쉽게 유발되며, 어깨에 피로가 쌓이고, 목이 거북목(ㄱ자 형태)으로 쉽게 변해간다.

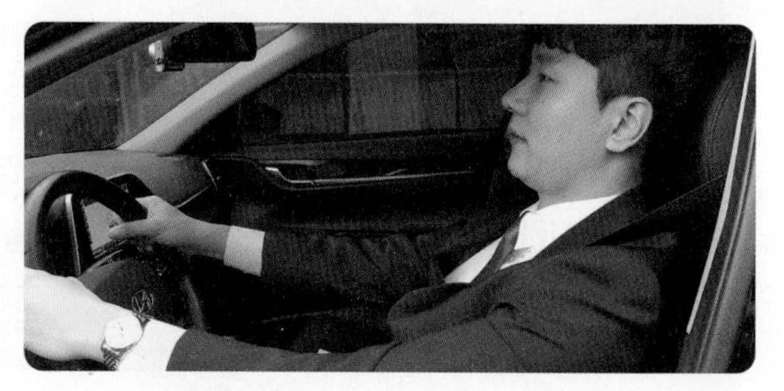

5. 등받이 밑과 허리 사이에 공간이 없도록 해서 허리가 편하게 해야 한다.

※ 운전 중에 허리가 편하지 않으면 운전 피로가 쉽게 가중된다.

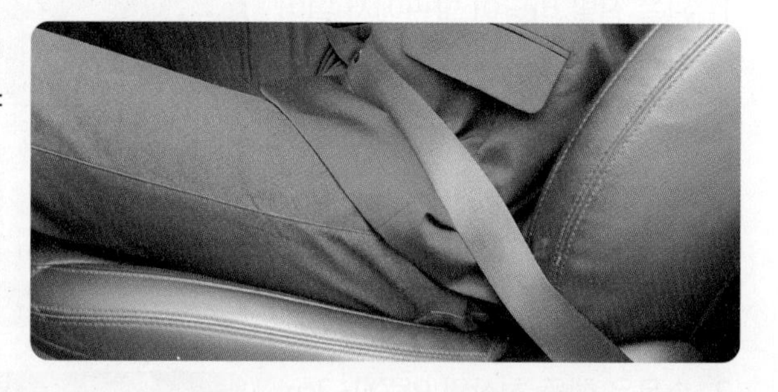

운전석의 높이 조절

1. 운전자가 보아, 보닛의 두께가 1㎝ 이상으로 보이도록 운전석 높이를 조절한다.
2. 눈에 보이는 보닛의 두께가 1cm 이하로 내려가면 차폭 감이 나빠지고 전방 사각지대가 커지게 되어 초보운전자에게는 운전이 어려워지게 된다.

3. 보닛두께가 두껍게 보일수록 앉은 자세가 높아진 것이므로, 앞쪽 시야가 좋아지고, 앞쪽 사각지대가 줄어들게 되어 초보운전자에게는 도움이 된다.

계기판 전체 숙지하기

계기판은 자동차의 실시간 상태를 나타내주는 중요한 현황판이다.

※ 계기판을 무시하고 운전하는 것은 조종사가 계기판을 무시하고 대충 비행하는 것과 같은 것이다.

● 계기판

※ 차종마다 다소 차이가 있기에 본 책에서는 공통적이고 필수적인 것만을 언급한다.

● 타고 미터

1. 타고 미터는 분당 엔진 회전수를 나타내는 장치이다.

▶ 1(1,000 rpm) : 분당 1,000회

▶ 2(2,000 rpm) : 분당 2,000회

▶ 3(3,000 rpm) : 분당 3,000회

※ rpm(엔진 회전수) 수는 액셀러레이터로 조절한다.

2. 차가 제자리에서 공회전할 때는 약 0.8(분당 800회) 정도가 된다.

● 속도계

1) 속도계는 시간당 주행속도를 나타내는 장치이다.
2) 운행 중에 수시로 확인해서 속도감을 익혀두자.
3) 운행 중에도 속도계를 자주 보아 속도위반을 하지 않도록 하자.

● 누적 거리계

1) 차가 생산된 직후부터 현재까지 주행한 총거리를 나타낸다.
2) 보편적으로 연평균 주행거리는 1만~2만 km가 된다.
3) 오일 교환 주기나 각종 부품교환 주기를 산정할 때의 기준이 된다.

※ 중고차를 매입할 때는 총 주행거리를 중요시한다.

● 냉각수 온도계

1) 시동 전과 일정 시간 엔진작동 후의 냉각수 온도 차이 비교

〈시동 전의 냉각수 온도계 모습〉

〈시동 후 일정 시간 후의 냉각수 온도계 모습〉

2) 온도계 바늘은 중앙쯤에 있어야 한다. 그러나 H 쪽으로 점점 가까워진다면 오버히트를 예감하고 신속히 대처해야 한다.

※'오버히트를 하면' 항목을 참조

3) C 쪽에 가까워지면 엔진이 차가워지고 있는 것이기에 신속히 가까운 카센터나 정비소로 이동해야 한다.

※C 쪽에 가까워지면 연료가 많이 소모되고 엔진 출력도 떨어진다.

- 계기판 경고등 색 4가지

1) 적색 램프 : 경고! (적색 램프가 들어왔을 때 바로 조치해야 한다.)

2) 주황색 램프 : 주의! (빨리 카센터 등으로 이동해야 한다.)

3) 녹색 램프 : 지금 실행 중인 기능을 표시해 주는 좋은 신호이다.

4) 청색 램프 : 상향등 켜짐

■ 비상등 용도 및 버튼 위치 숙지

비상등 버튼은 차종마다 위치가 다르므로, 운전 시작 전에 버튼 위치를 알아두어야 한다.

◈ 비상등은 다음과 같이 뒤차나 주변에 신호를 보낼 때 켠다.

1. 운전 중에 예기치 못한 일로 급감속을 해야 할 때
2. 차가 사고나 고장이 났을 때
3. 잠시라도 길가에 주 · 정차할 때
4. 감사함, 미안함을 표시할 때
5. 고속도로 등에서 급감속해야 할 때
6. 후진할 때
7. 주차할 때
8. 짙은 안개나 폭우 · 폭설 시에 서행할 때
9. 응급환자 등을 급히 이송할 때
10. 사고 차를 발견해서 위험함을 알릴 때
11. 견인되어 가는 종일 때
12. 정차 예정을 알릴 때

■ 핸들에 관한 모든 것

◈ 핸들 조정방법

1. 운전석을 조정했을 때, 계기판의 속도계가 오른쪽 사진처럼 가려졌다면 핸들 조정 레버를 작동시켜 계기판이 잘 보이도록 해야 한다.

2. 핸들 조정 레버는 대부분 깜빡이(방향지시기)의 아래쪽에 있다.

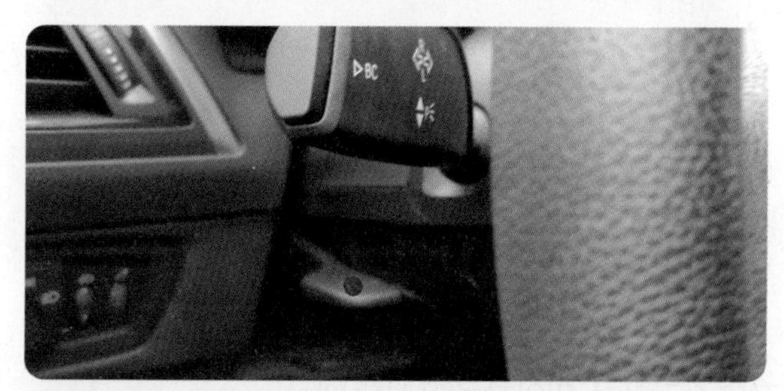

3. 운전자가 계기판을 바라봤을 때, 계기판이 가려진 부분 없이 모두 잘 보여야 한다.

◈ 핸들 잡는 법

1. 핸들을 잡을 때는 힘을 주지 않고 아주 가볍게 잡는다.
   ※ 긴장하면 부지불식간에 힘을 주게 된다는 점을 유념하자.

2. 핸들을 돌릴 때는 약간 앞으로 밀듯이 돌린다.

◈ 핸들을 잡을 때 손의 위치

● 9시 15분으로 잡는 타입

기본형이며, 일반적으로 사용한다.

※ 장거리 운전 시에는 상대적으로 팔이 힘들게 된다.

● 10시 10분으로 잡는 타입

운전 피로도를 줄이기 위해 권장한다.

※ 일반적으로 사용하고, 산악지대나 스포츠카를 운전할 때 주로 사용한다.

◈ 핸들 조작법

핸들 조작은 아래 3가지 (크로스/크로스 플러스/써클) 방법을 현장 상황에 맞게 사용한다.

1. 크로스

① 핸들을 9시 15분 또는 10시 10분으로 잡는다.

② 핸들을 좌에서 우로, 우에서 좌로 반 바퀴씩 돌려 팔이 교차 되도록 한다.

2. 크로스 플러스

① 크로스 된 상태에서 좀 더 핸들을 돌려야 할 때는 왼손이 오른손 손등을 넘어가 핸들을 잡아당겨 핸들을 더 돌린다. 한 번 더 돌려야 한다면 이 동작을 한 번 더 반복한다.

② 반대로, 크로스 된 상태에서 좀 더 핸들을 돌려야 할 때는 오른손이 왼손 손등을 넘어가 핸들을 잡아당겨 핸들을 더 돌린다. 한 번 더 돌려야 한다면 이 동작을 한 번 더 반복한다.

※ 크로스가 되기 전에 미리 왼손이 오른손 손등을 넘어가 핸들을 잡아당겨도 된다.

※ 크로스가 되기 전에 미리 오른손이 왼손등을 넘어가 핸들을 잡아당겨도 된다.

▶ 본인이 편한 대로 하면 된다.

3. 써클 (한 손바닥으로 핸들 신속히 돌리기)

① 손바닥 아래쪽 4분의 1쯤을 축으로 해서 그 축을 핸들에 대고 원을 그리듯이 돌린다.

※이때 한 손으로 핸들을 돌리기가 힘겨우면, 왼손에 의해 핸들이 도는 순간순간에, 오른 손바닥으로 핸들의 위를 밀어주거나 당겨주어, 핸들 회전이 쉽게 되도록 왼손을 도와준다.

② 주차, 유턴, 주차장 내 운전 또는 시속 30km 이하의 서행에서만 사용한다.

※도로 주행 중에는 속도가 빨라 위험하므로 시속 30km 이상에서는 사용하지 않아야 한다.

액셀러레이터 페달 밟는 법

1. 브레이크 페달과 액셀 페달은 발가락 3개(엄지, 검지, 중지)와 발바닥 3㎝ 정도를 하나로 하여 부드럽게 밟는다.

2. 이 중에서 엄지발가락과 발바닥 3cm 정도가 주축이 되어야만 고속도로 등의 장시간 운전 시에 발에 피로가 가중되지 않는다.

■ 브레이크 페달 밟는 법

1. 왼발은 45도로 된 발판에 밀착시킨다.

   ※ 발판이 없는 차는 수평 바닥에 발을 놓는다.

2. 오른발은 브레이크 페달 수직 아래쪽에 발뒤꿈치를 위치시킨다.

3. 브레이크 페달과 액셀 페달은 발가락 3개(엄지, 검지, 중지)와 발바닥 3㎝ 정도를 축으로 하여 부드럽게 밟는다.

4. 만약 바닥이 너무 깊다면 발판 밑에 책 등을 넣어 높이를 조절한다.

5. 브레이크를 밟을 때는 발뒤꿈치를 바닥에서 떼지 않아야만 돌발 상황 등에서 실수 없이 브레이크를 밟을 수가 있다.

▶ 0.1초를 다투는 돌발 상황에서 브레이크를 밟으려다 액셀을 밟아 큰 사고를 내는 경우가 있기에 바닥에서 발뒤꿈치를 떼지 않는 습관은 매우 중요하다.

※ 하지만 차종에 따라 뒤꿈치를 뗄 수밖에 없는 경우도 있다.

– 이 차는 더욱 조심해서 운전해야 한다.

6. 브레이크는 팍! 팍! 밟지 않고 부드럽게 밟는다. 단 돌발 상황에서는 0.1초 안에 '팍!' 밟아야 한다.

7. 고속주행 중에 급감속해야 할 상황에서는 즉각 비상등을 켜고, 브레이크를 한 번에 밟지 않고 여러 번 나누어 밟는다.

▶ 여러 번 나누어 밟으면 바로 뒤에 오는 차에도 안전을 도모해 주는 좋은 효과도 있게 된다.

8. 미끄러운 빗길, 눈길, 빙판길에서는 필수적으로 여러 번 나누어 밟는다.

※ 미끄러운 길에서 한 번에 팍! 밟으면 바퀴가 잠겨 차가 옆으로 돌거나 미끄러질 수 있기 때문이다.

10. 브레이크 페달 밑으로 캔, 물병, 운동화 같은 물체가 들어가면 브레이크가 밟히지 않아 사고로 이어지므로 조심해야 한다.

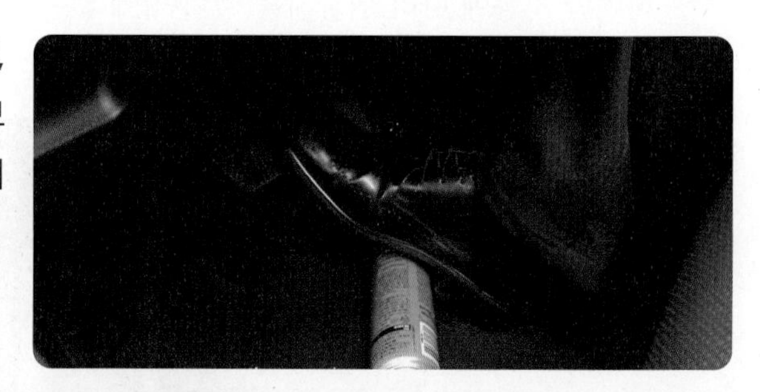

브레이크 페달과 액셀러레이터 페달 밟기 연습

1. 브레이크는 5단계로 나누어 밟고, 5단계로 원위치하는 연습을 해야 한다.
2. 액셀러레이터 페달은 3단계로 나누어 밟고, 3단계로 원위치하는 연습을 해야 한다.

※ 1번과 2번 모두,

① 엔진이 꺼진 정지상태에서 조금씩 실시한 후에

② 비교적 한적한 도로에서 실제 운전하면서 똑같이 실시

▶ 익숙해질 때까지만 실시

브레이크 페달 밟기, '앗!'과 '앗 푹!'의 차이

1. '앗!' : 위험이 느껴질 때마다 자율 신경에 의해 발이 움직여지는 것처럼 오른발이 브레이크 발판 위에 자동으로 도달해 있도록 노력해야 한다. (방어운전)

▶ 위처럼 하면, 실제 위험이 닥쳤을 때 신속한 대처가 된다.

2. '앗 푹!': 실제 위험이 닥쳤을 때, 0.1초안에 브레이크를 강하게 밟아야 한다.

① 0.1초는 액셀에서 브레이크를 밟기까지의 걸린 시간을 말한다.

② 차가 거의 없는 한적한 곳에서 비상등을 켜고, 저속 운행 중에 숙달이 될 때까지 잠깐씩 실시한다.

깜빡이(방향지시등) 조작법

깜빡이는 핸들의 왼쪽 바로 아래에 있다.

조명 관련 스위치가 바로 깜빡이 스위치이다.

즉, 조명 관련 스위치를 아래 또는 위로 밀면 방향 지시등이 작동하는 것이다.

1. 핸들을 잡은 상태에서 엄지와 검지 2개로 작동시킨다.

2. 우회전할 때는 아래쪽 손가락을 위로 민다.

※ 깜빡이 조작 시에 핸들에서 손을 떼지 않아야 한다.

3. 좌회전할 때는 위쪽 손가락을 아래로 민다.

※ 깜빡이 조작 시에 핸들에서 손을 떼지 않아야 한다.

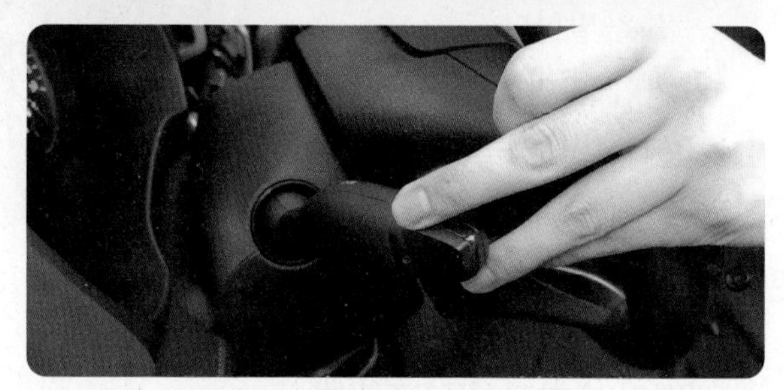

■ 라이트 스위치 조작법

라이트 스위치는 핸들의 왼쪽 바로 아래에 있다.

왼쪽 손가락 3개로 잡고 돌려서 사용한다.

1. 1단으로 돌림 : 차폭등, 계기판 등, 번호판등이 켜진다.

2. 2단으로 돌림 : 전방 아래쪽을 환하게 해주는 하향등이 켜진다.

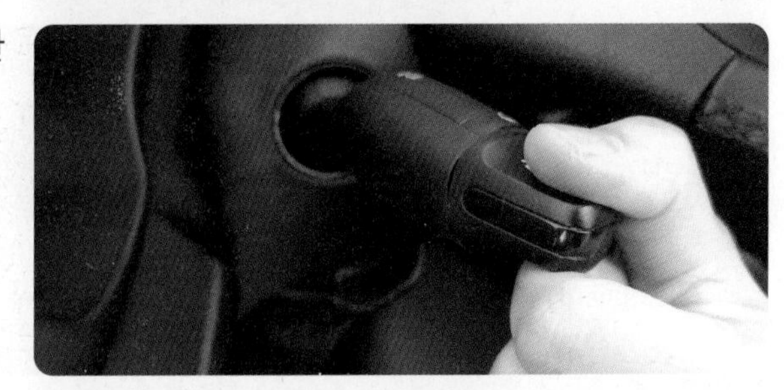

3. 라이트 스위치를 차량 전방 쪽으로 밀어놓으면 상향등이 켜지고 고정된다.

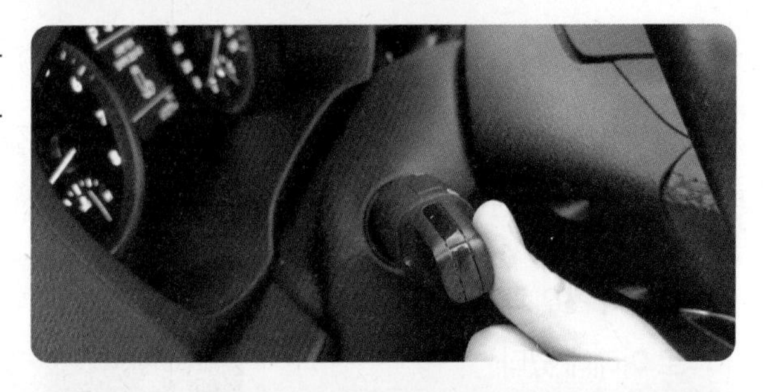

4. 상향등이 켜지면 계기판에 청색의 상향등 표시가 뜨게 된다.

5. 라이트 스위치를 운전자 가슴 쪽으로 당기면 상향등이 켜지지만, 고정은 되지 않는다.

6. 스위치를 놓으면 원위치가 된다.

   ※ '깜박깜박'(비켜라!/빨리 가라!/조심하라!) 신호를 보낼 때만 가슴 쪽으로 당겨 사용하는 것이다.

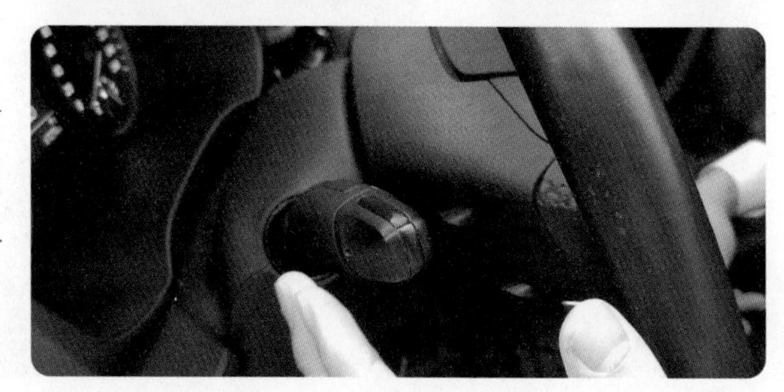

와이퍼 스위치 조작법 [1]

1. 갑자기 비가 오는데, 와이퍼 작동법을 모른다면 앞이 잘 보이질 않아 운전할 수가 없게 된다.

   ▶ 운전하기 전에 작동법을 정확히 익혀두어야 한다.

2. 와이퍼 스위치는 핸들 오른쪽 바로 아래에 있다.

◈ 와이퍼 스위치 기능

1. 스위치를 손가락 3개로 잡고 오른쪽으로 돌리면 1단에서 3단까지 조절할 수 있다.
   - off : 정지
   - int : 주기적으로 작동
   - low : 느리게 작동
   - high : 빠르게 작동

   ※ 자동차 제조사와 차종에 따라 방식이 다를 수 있음.

2. 비가 오면 자동으로 3단까지 비의 양에 따라 작동하는 차종도 있다.

   ▶ 하지만 수동으로 작동시키는 방법을 숙지해 두어야 한다.

◈ 와이퍼 스위치 조작법 [2]

앞 유리를 닦을 때

1. 와이퍼 스위치를 운전자 몸쪽으로 당기면 워셔액이 분사되면서 와이퍼가 작동되어 앞 유리가 닦인다.
2. 와이퍼 스위치를 당기고 있는 동안에는 워셔액이 계속해서 나오면서 와이퍼도 계속해서 작동한다.

3. 워셔액은 '에탄올 워셔액'을 사용해야만 기름때도 잘 닦이고, 겨울철에 영하 25도에서도 얼지 않게 된다.

4. 일반 물을 넣어 사용하는 것은 비누 없이 세수하는 것과 같으며, 영하의 기온에서는 물(워셔액 통의 물)이 얼어버려 나오지 않게 된다.
5. 성애나 얼음을 제거하지 않고 와이퍼를 작동시키면 와이퍼의 고무판이 미세하게 갈라지게 되어 비 오는 날에는 빗물이 제대로 닦이지 않게 된다.
6. 보닛을 열고 워셔액 통의 물의 양을 주기적으로 체크하자.

■ 보닛 오픈 방법 숙지하기

1. 보닛은 엔진룸 지붕을 말한다.
2. 보닛 오프너는 보닛의 맨 앞 중앙 바로 밑에 위치하며, 운전석에 앉아 오픈 레버를 푸시하거나 잡아당기면 보닛이 위로 열리면서 손가락 굵기만큼의 틈새가 생긴다.
3. 그 틈새에 손가락을 넣어 갈고리 모양의 오프너를 왼쪽으로 체치면서 보닛을 위로 1m쯤 연 후 보닛 받침대로 고정하면 된다.

   ※ 가느다란 쇠막대 모양의 받침대는 엔진룸 왼쪽 위에 있다.

4. 닫을 때는 보닛을 오른손으로 잡고 왼손으로 받침대를 원위치시킨 후 보닛을 내려 30cm쯤의 위에서 손을 놓으면 '쿵' 하고 닫히게 된다.

※ 만약 손가락 굵기만큼의 틈새가 보인다면 제대로 닫히지 않은 것이다.

■ 사이드미러 조정 방법

◈ 사이드미러 조정은 다음과 같이 한다.

1. 내 차로의 바로 뒤에 오는 차와 옆 차로에 있는 차들을 동시에 볼 수 있도록 조정한다.

2. 운전 자세를 취한 후에 얼굴을 왼쪽으로 45도로 돌려 거울을 바라본다.

3. 거울에 보이는 뒷문 손잡이가 거울의 중앙에 오도록 조정해서 거울을 좌우로 2등분 한다.

4. 2등분 된 상태에서 안쪽으로 한 번 더 2등분 한다.

5. 거울에 보이는 뒷문 손잡이를 중앙에서 약간 위로 올라가게 해서 지면이 조금 더 보이도록 조정한다.

   ※ 지면이 조금 더 보이면,

   ① 주행 중에 거울을 볼 때 심리적으로 안정감이 있고

   ② 후진 주차할 때도 지면의 주차선 등을 잘 볼 수 있게 된다.

◈ 오른쪽 거울도 왼쪽 거울과 똑같은 방법으로 조정한다.

1. 운전 자세를 취한 후에 얼굴을 오른쪽으로 45도로 돌려 거울을 바라본다.

2. 뒷문 손잡이가 거울의 중앙에 오도록 조정해서 거울을 좌우로 2등분 한다.

3. 2등분 된 상태에서 안쪽으로 한 번 더 2등분 한다.

4. 뒷문 손잡이를 중앙에서 약간 위로 올려서 노면이 조금 더 보이도록 조정한다.

※ 지면이 조금 더 보이면,

① 주행 중에 거울을 볼 때 심리적으로 안정감이 있고

② 후진 주차할 때도 지면의 주차선 등을 잘 볼 수 있게 된다.

◈ 사이드미러 신속 적응 방법

1. 운전석에 앉아 좌우 사이드미러를 5분 이상씩 교대로 바라보아', 그 안에 있는 상황을 세부적으로 계속 바라본다.
2. 몇 번씩만 그렇게 하면, 적응이 신속히 되어 더 이상 안 해도 된다.

※ 위 과정을 거치지 않으면, 차선변경 시마다 항상 불안하며, 적응되기까지는 수개월 수년이 걸리기도 한다.

룸미러 조정 방법

1. 차의 뒤쪽 유리 전체가 룸미러 안에 균등하게 보이도록 조정한다.

2. 야간에는 뒤차들의 불빛으로 인해 전방 집중력이 떨어지므로, 룸미러를 차의 천장 쪽으로 틀어 불빛이 안 보이도록 한다.

   ※ 야간에는 반사되는 불빛이 전방주시를 방해하므로, 룸미러는 사용하지 않는것이 좋다.

3. 편의 장치 관리법 숙지하기

■ 차량 내 공기 관리법

1. 지하든 지상이든 간에 주차되었던 차를 운전할 때는 차가 움직이는 순간부터 유리 창문을 활짝 열어 10초 이상 환기를 시켜주자.

   ※ 차가 주행을 해야만 기류가 생기므로 정차된 상태에서는 환기가 잘 안된다.

2. 창문은 한쪽 라인(우측 앞창문과 우측 뒷창문)만 열었을 때가 환기가 신속히 잘 된다.

3. 주차되었던 차 안은 전번의 운전 중에 생긴 이산화탄소가 가득 차 있고 산소는 부족하게 되어 피로와 졸음을 더 유발하게 되니, 환기를 해주자.

장시간 운전 중에도 자주 환기를!

4. 고속도로 등의 장시간 운전 중에도 주기적으로 환기를 시켜주면 졸음을 방지하고 좋은 컨디션도 도모할 수 있다.

   ▶ 차량 내에 공기정화 장치 등이 있다 해도 직접 환기를 시켜주는 게 훨씬 빠르고 낫다.

■ 우천 시와 겨울철 김 서림(습기) 제거 방법

◈ 김 서림(습기) 제거 방법

1. 겨울철이나 비가 올 때(우천 시) 김(습기)이 서리게 되면 타올이나 휴지 등으로는 해결이 어렵게 된다.

김 서림은 에어컨 바람으로 제거를!

2. 김 서림 방지제를 쓰면 되겠지만 그럴 수가 없다면 에어컨 바람으로 다음과 같이 제거해야 한다.
   ① FRONT를 누르면 에어컨이 작동되면서 김 서림이 제거된다.
   ② 김 서림을 빨리 제거하고 싶다면 FRONT를 누른 후 바람 세기를 높혀준다.
   ③ FRONT 기능이 없는 차는 팬의 바람이 앞 유리 쪽으로 향하도록 모드를 조정해서 에어컨을 켠다.

④ 에어컨을 켠 후에는 날씨가 춥더라도 좌우 앞 유리를 약 30초간만 활짝 열어 먼지 등을 제거키 위해 환기해 준다.

⑤ 에어컨을 강하게 켜서 습기가 제거되면, 겨울철에는 곧바로 히터로 전환해 준다.
*겨울철이라 해도 처음에는 에어컨을 켜줘야만 습기가 빨리 제거된다.

⑥ 여름철에는 에어컨을 그대로 사용하거나, 에어컨은 Off하고 앞 유리 쪽으로 바람만 계속 나오게 한다.

⑦ 여름철에 에어컨으로 김 서림이 제거된 후 바람만으로는 재발을 막을 수 없다면 에어컨을 적절한 세기로 해서 계속 사용하면 된다.

⑧ 겨울철에는, 처음에 에어컨을 켠 후, 김 서림이 제거되면 바로 히터로 전환하면 된다.

⑨ 겨울철에는 처음부터 히터를 사용해도 되지만 이때는 시간이 오래 걸리기에 에어컨을 초기에 사용 후 히터로 바꿔주는 것이다.

■ 겨울철, 앞 유리 바깥쪽 성에 제거 방법

◈ 눈 내림 등으로 앞 유리에 성에가 생기고 얼었을 때

다음과 같이 하면 유리와 와이퍼가 손상될 수 있으니 주의한다.

1. 와이퍼를 작동시키면 와이퍼가 미세하게 갈라져 손상된다.
2. 플라스틱 카드나 스크래퍼 등으로 긁어내면 유리에 스크래치가 생길 수 있다.
3. 뜨거운 물을 부으면 유리에 금이 갈 수 있다.

◈ 성에 제거 방법

1. 성에 제거제(마트나 용품점에서 구입)
2. 에탄올(약국에서 구입)
3. 에탄올 섞은 물(에탄올과 물 2:1 비율로 섞음)
4. 스프레이 타입 손 소독제(에탄올 성분 80% 이상 함유됨)
5. 워셔액(차가 아닌 병에 들어 있는 것을 사용)

※ 위 모두 스프레이통에 넣어 분사한다.

◈ 에탄올(알코 올)을 사용하는 이유

1. 성에와 얼음을 녹여 내는 성분은 에탄올(알코올)이다.
2. 알코올은 물과도 잘 섞이고 어는 점이 낮은 특성이 있다.
3. 성애나 얼음이 생긴 앞 유리에 뿌리게 되면 빠르게 녹아내리고 한번 녹으면 다시 얼지 않는다.
4. 와이퍼를 위로 향하게 세워 놓고, 성에나 얼음을 완전히 녹인 다음에 와이퍼를 원위치시켜서 작동시키면 된다.

내비게이션 사용법

내비게이션은 GPS에서 정보가 수신될 때만 작동하는 길 안내 전자기기이다.

1. 내비게이션은 본인 차량에 장착된 것과

※ 자동차 판매대리점에서 6개월에 한 번쯤은 업데이트를 해주어야 한다.

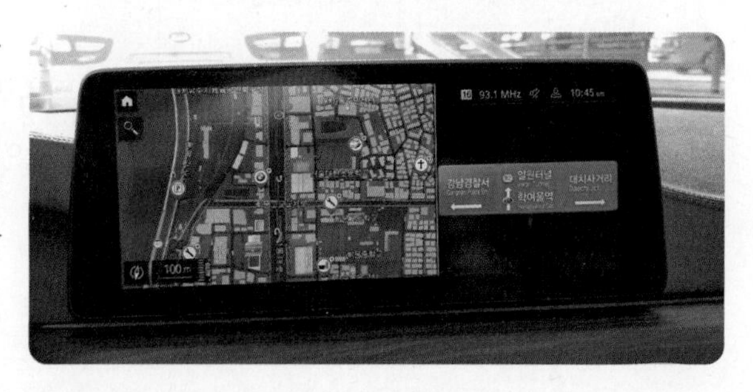

2. 본인 핸드폰의 구글 Play store에서 무료로 다운로드 되는 '카카오 내비게이션'과 'T map 내비게이션' 등이 있다.

3. 차량용 내비게이션은 무료사용이지만 본인 핸드폰으로 사용하는 내비게이션은 핸드폰 데이터 요금이 발생한다.
4. 핸드폰 내비게이션을 사용할 때는 핸드폰 거치대를 용품점에서 준비하면 된다.
5. 어느 걸 사용하든 간에 사용법을 정확히 숙지하고 지도 화면을 눈에 완벽히 적응시켜야 한다.
6. 내비게이션이 안내하는 길을 지나쳤다면 내비게이션이 다른 길을 바로 재설정 해준다.

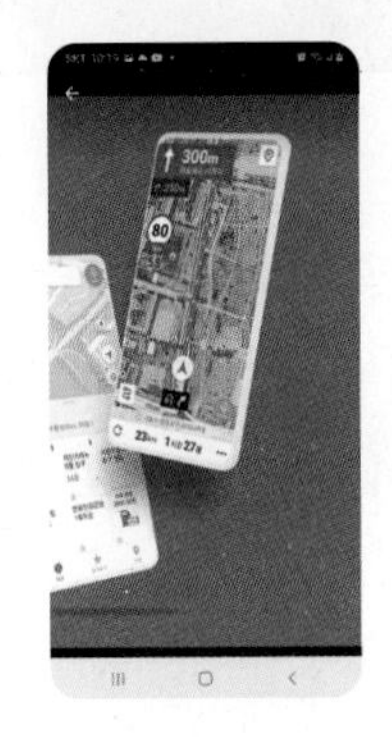

※ 재설정되면 도달 시간이 좀 더 걸리지만 목적지는 똑같다.

7. 내비게이션 프로그램 운영사의 서버는 교통량을 실시간으로 분석해서 교통량이 비교적 적은 길로 안내한다.
   ※ 가까운 주변에 고속도로가 있으면 대부분 그 고속도로로 우선 안내하는 속성이 있으니, 유의해야 한다.
8. 출발하기 전, 화면을 축소 또는 확대하여 어느 길을 통해서 목적지까지 가는지를 미리 확인해 본다. ▶내비게이션의 화면 아래에 나타난 거리와 소요시간도 체크해 본다.

※ 바로 위의 8번을 생략하면 세월이 많이 흘러도 '길맹', '길치'에서 벗어나지 못하게 된다.

※ '길맹'이 되면 내비게이션이 고장 나거나 오작동할 때는 낭패를 보게 된다.

※ 내비게이션에만 의존할 뿐 길을 잘 모르고 운전하는 것은 상황에 따라서는 다소의 낭패가 따르게 된다.

▶ 내비게이션이 알려주는 길이 더 멀고 시간이 더 걸릴 때도 종종 있기 때문이다.

'길맹'에서 신속히 탈출하는 방법

본인이 거주하는 행정구역의 시 · 도쯤은 내비게이션이 없어도 다닐 수 있도록 핸드폰의 내비게이션 지도를 활용하여 정확히 숙지 한다.

1. 핸드폰의 내비게이션을 켜기만 해도 본인이 현재 있는 곳의 지도가 뜬다.

2. 그 지도를 손가락 두 개로 화면을 축소해보면 본인이 현재 있는 시 · 도를 한눈에 볼 수 있고, 더 축소하면 한반도 지도 전체까지도 한눈에 볼 수 있다.

3. 축소 확대를 반복해서 동서남북 방향과 비교적 큰 주요 도로, 건물 명칭까지도 확인해 볼 수 있다.

4. 본인이 가보고 싶은 곳의 명칭을 핸드폰 내비게이션에 입력해서 '안내시작'을 누른 후, 확대와 축소를 반복해서 어느 길로 안내하는지를 확인해 볼 수 있다.
   ▶ 화면 아래의 소요시간과 거리까지도 읽어본다.

5. '안내시작'을 누르면, 내비게이션 하단부에 '도착 예상시간'과 목적지까지의 km 수치가 뜨는데, '도착 예상시각'을 터치하면 '예상 소요시간'으로 바뀌어 나온다. 한 번 더 터치하면 원위치가 되어 '도착 예상시간'이 다시 나온다.
   ▶ 위와 같이 해서 길을 익혀나가면, 실제 안 가봐도 집안에서도 전 국토와 전 고속도로, 모든 큰 도로를 다 파악할 수 있고 소요시간 및 거리까지도 학습할 수 있게 된다.

차폭감 익히기

차폭감이란?

① 내 차의 좌우 길이와 앞뒤 길이가 얼마나 되는지를 운전석에서 느끼는 것을 말한다.

② 차폭감은 주행할 때, 좁은 길을 통과할 때, 후진할 때, 주차할 때 등에서 매우 중요하다.

③ 차폭감을 익히기 위해서는 다음과 같이 감각훈련을 통해서 감을 정확히 익혀야 한다.

차폭과 차길이 익히기

1. 차 뒤쪽 먼 곳에 서서, 왼쪽 뒷바퀴와 오른쪽 뒷바퀴의 폭을 가늠해보며 감각을 익혀 나간다.

2. 운전 중에도 내 차로 바로 앞에 가는 차의 뒷바퀴 두 개와 차로 폭을 비교해보면서 감각을 익혀 나간다.

3. 차의 옆쪽에 서서 운전석 머리 보호대를 기준으로 차 앞쪽 길이와 차 뒤쪽 길이를 비교해 본다.

PART B

- 운전 시작
- 주차하기

1. 운전 시작

▥ 운전의 첫걸음, 전진/후진/정지 연습하기

능숙한 전진 후진 제동을 위해 반복해서 연습하자.

◈ 후진이 필요할 때는?

① 주차할 때

② 외길에서 맞은편 차와 정면으로 마주쳐 내가 후진해줘야 할 상황일 때

③ 길을 잘못 들어와 후진해야 할 상황일 때

◈ 전진/후진/제동 연습 시행

※ 차량이나 사람이 없는 넓은 곳이 확보되면 잠깐씩만 실시하자.
민원이 발생할 수 있으니 잠깐씩만 실시하자.

1. 차에서 내려 직진할 장소 끝 지점과 후진할 끝 지점을 직접 확인한다.
2. 비상등을 켠다.
3. 전진을 몇 발짝씩만 '가다 서다'를 계속해서 반복한다.
4. 전진 끝 지점에 도달하면 후진도 똑같이 '가다 서다'를 실시한다.
5. 계속 반복한다.
6. 어느 정도 익숙해지면 완만한 S자 형태로 전진 '가다 서다'를 실시한다.
7. 후진할 때도 전진 때와 같은 방법으로 실시한다.
   ※ 후진할 때는 좌 · 우측 노면 여백을 보면서 핸들을 좌우로 돌린다.
   ※ 후진할 때는 좌 · 우측 사이드미러와 후방카메라 모니터를 신속히 교대로 보면서 실시한다.
8. 후진이 끝나면 다시 출발했던 지점으로 전진한다.
9. 계속 반복한다.

안전벨트 착용 시 주의할 점

1. 안전벨트가 꼬여져 있으면, 사고 시엔 꼬인 부분이 칼날로 작용할 수도 있게 된다.
2. 안전벨트의 가로줄이 허리가 아닌 배 위에 있으면 사고 시에 내장 파열로 이어질 수도 있다.
   ※ 어린이인 경우에는 방석을 이용해서 앉은키를 높여주자.
3. 안전벨트가 목에 걸리는 것도 매우 위험하므로, 어깨 쪽 기둥(필러)에 있는 버클(buckle)을 잘 조정하여 줄이 목에 닿지 않도록 한다.

4. 안전벨트를 매지 않았을 경우,
   ① 사고 시에는 치명적으로 되고, 운전 시에는 심리적으로 안정감이 크게 떨어진다.
   ② 앞뒤 동승자가 안전벨트 미착용으로 적발되면, 운전자에게 범칙금이 부과된다.

운전자가 즉각 조치해야 할 경고등

1. 문 열림/트렁크 열림 경고등
   ▶ 문 또는 트렁크가 열렸을 때 점등된다.

2. 연료 경고등
   ▶ 연료가 5ℓ 정도 남았을 때 점등된다.
   ① 5ℓ는 배기량, 승차 인원, 차량의 무게, 도로상태, 날씨 등에 따라 차이가 다소 있지만, 30km~50km 정도 주행 가능한 연료량이다.
   ② 계기판에 나타나는 주행 기능 거리는 정확하지 않은 차량이 있으므로, 그 숫자에서 10km 정도를 뺀 숫자로 생각하는 게 안전하다.

▶ 예를 들어, 47km로 나타났다면 37km로 생각하자.

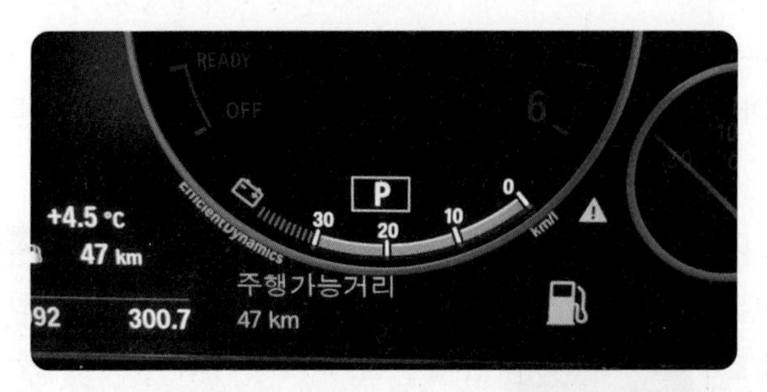

3. 안전벨트 경고등

▶ 안전벨트 미착용 시에, 경고음과 동시에 점등된다.

4. 사이드 브레이크 경고등

▶ 사이드 브레이크가 채워진 상태에서 출발하면 점등된다.

※ 핸드브레이크를 풀었는데도 경고등이 계속 떠 있다면 카센터 또는 정비소에서 점검을 받아야 한다.

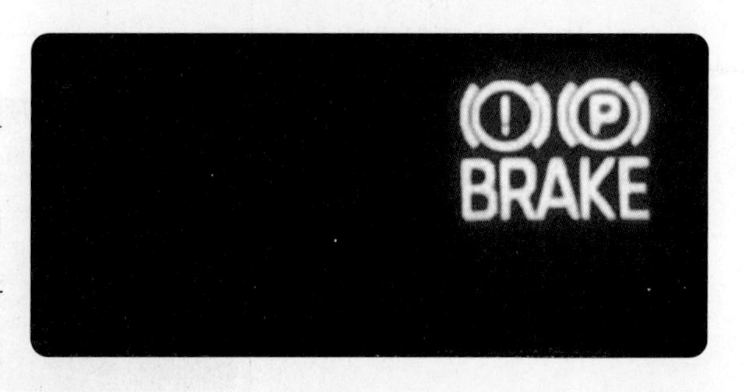

5. 상향등 표시등

▶ 상향등이 켜져 있을 때 점등된다.

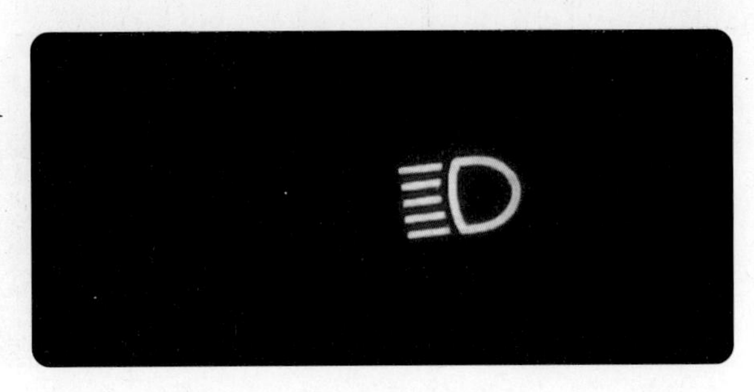

■ 카센터에 신속히 들려야 할 경고등

1. 오일 압력 경고등

▶ 엔진오일이 부족할 때 점등(엔진오일을 신속히 보충 또는 교환해야)

※오일 압력 경고등이 떴을 때 나타나는 현상

① 엔진소음이 커짐

② 연료 소비가 많아짐

③ 엔진 출력이 떨어짐

2. 충전 경고등

▶발전기에 이상이 발생했을 때 점등된다.

① 배터리가 방전되어 차가 멈추기 전에, 신속히 카센터나 정비소에 도착해야 한다.

② 이때는 라디오, 에어컨 등을 바로 끄고 배터리가 방전되기 전에 카센터 또는 정비소에 도착해야 한다.

※만약 이동 중에 차가 멈춰 버렸다면 보험 가입 회사에 무료견인을 의뢰한다.

3. 엔진 경고등

▶ 전자 제어 장치 등에 이상이 생겼을 때 점등된다.

※정비소에서 점검해야 한다.

4. 기타 경고등

추가로 나타나는 점등은 자동차 구입처에 문의 또는 차량 사용설명서를 참조해서 숙지하면 된다.

0.5초의 중요성

① 운전 중에 사이드미러를 보거나 전방이 아닌 다른 곳을 볼 때는 0.5초를 넘기지 않아야 한다. ※ 전방 부주의 사고를 예방해야 한다.

② 주행속도가 높을수록 0.5초는 긴 시간이다.

③ 다른 곳을 보고 있는 순간에 앞차가 급정지하면 추돌사고로 이어지므로, 0.5초 준수는 큰 의미가 있다.

④ 시속 100km 주행 중의 0.5초는 약 28m 이동을 의미한다.

⑤ 앞에 가던 차가 갑자기 급정지하면 순식간에 차간 거리가 짧아지므로, 0.5초는 안전을 보장해주는 매우 중요한 시간이다.

0.5초 = 약 28m/ 시속 100km

코너링 직전, 0.5초 안에 사이드미러를 신속히

1. 코너링 직전에 코너 쪽 사이드미러로 오토바이, 자전거, 사람 등은 없는지 0.5초안에 확인한 후에 회전해야 한다.

▶ 없었던 오토바이 등이 쏜살같이 와있을 수도 있기 때문이다.

2. 특히 횡단보도를 지나 우회전할 때는 신호대기 중인 사람을 조심해야 한다.

▶ ① 핸드폰을 보고 있거나 딴전을 부리던 사람이 횡단보도 신호가 녹색불로 바뀐 순간에 차를 의식하지 못하고 갑자기 횡단보도로 뛰어들 수도 있기 때문이다.

② 또는 서 있는 사람의 발 등이 내 차의 뒷바퀴에 의해 밟힐 수도 있기 때문이다.

도로 주행 시 운전자 시야는

1. 도로 주행 시에는 바로 앞차를 주시해야 하지만, 앞쪽 멀리까지도 순간순간 파악하고 있어야 한다.

2. 전방 첫 번째 신호등이 시야에 들어오면, 신호등 색이 자동으로 파악되도록 노력해야 한다.

▶ 이를 무시하면, 신호등 가까이에서 급브레이크를 밟는 경우가 많게 되고, 순간적으로 신호 위반을 하는 일도 있게 된다.

운전하기 좋은 차로는?

1. 좌측 끝 차선과 우측 끝 차선이 아닌 차로가 운전하기 좋은 차로이다.
2. 좌측 끝 차선은 좌회전하려는 차들로 인해 진로방해가 되고
3. 우측 끝 차선은 주·정차나 정차한 택시, 정류장의 버스 등으로 인해 차선변경을 해야 하기 때문이다.

4. 원칙은 앞에서와 같지만, 편도 1개 차선만 또는 2개 차선만 있는 경우도 있고, 교통상황에 따라 변할 수도 있으므로, 어느 차로가 운전하기 편한 차로인지는 멀리서 부터 미리미리 파악하여 차선변경을 미리 하면 된다.

▶ 차선변경을 많이 안 해도 되는 차로가 운전하기에 좋은(편한) 차로이다.

운전 중에 점검해야 할 사항

1. 실시간 주행속도

2. 실시간 냉각수 온도

수온계가 아래와 같이 중앙에 있어야 하며, 위나 아래로 1칸 이상 이동했다면 비정상이 시작된 것이므로 카센터 등에서 신속히 원인 규명을 해야 한다.

3. 실시간 연료잔 양

주행 중에 부웅~ 부웅~ 금지!

1. 주행할 때는 엑셀을 수평선처럼 일정하게 밟아 주행하자.
2. 출발 전에 엔진 열을 빨리 올리기 위해 '부웅~ 부웅~'을 하면 연료가 더 먹히고 엔진이 빨리 낡아진다.

기둥이나 차 등의 물체를 중심으로 회전할 때는

1. 운전자 어깨가 기둥을 지난 직후에 핸들을 돌린다.

2. 어깨가 기둥을 지나 핸들을 돌릴 때, 사이드미러에 보이는 기둥과 차 옆을 확인하면서 실시한다.

▶ 이때, 실수하여 아무래도 차 옆이 기둥에 닿을 것 같다면,

① 브레이크를 즉각 밟아 차를 멈춘 후에,

② 핸들은 움직이지 않고, 그대로 30cm~50cm쯤 후진했다가

③ 핸들을 기둥의 반대쪽으로 약간만 더 틀어서 조금 더 전진했다가 가려던 방향으로 다시 회전하면 된다.

비어있는 차로의 위험성

1. 어디서든 간에 나 홀로 쌩쌩 달리는 운전이 매우 위험하다.
2. 이런 때일수록 본의 아니게 과속을 하게 되니, 계기판 또는 내비게이션을 수시로 보아 규정 속도를 지켜야 한다.

3. 좌회전하려는 차들로 인해 1차선은 막혀있는데, 내가 가고 있는 2차선이 비어있을 때도 매우 조심해야 한다.

▶ 좌회전을 하려고 1차선에서 있던 차가 직진하려고 갑자기 튀어나올 수도 있으므로, 옆을 지나갈 때는 방어의식을 가지고 속도를 약간 줄이면서 내 차로의 사이드쪽으로 약간 비켜서 지나간다.

■ 주·정차된 차의 옆을 지날 때는

그 차들로부터 1m쯤의 간격을 두고 내 차로의 사이드 쪽으로 약간 비켜서 지나간다. 즉, 주 정차된 차에서 문을 열고 나오거나, 차와 차 사이에서 사람이 튀어나올 수도 있으므로 그 차로부터 1m쯤 간격을 두고 통과한다.

▶ 이렇게 하면 실제 문을 열고 나온다 해도 문제가 없게 된다.

어린이 보호구역에서 사고 또는 주정차 위반하면

1. 어린이 보호구역 내에서의 사고 시엔 가중처벌 되고, 속도위반 주·정차 위반에 적발되면 범칙금이 두 배가 된다.

2. 어린이 보호구역이 보이면 무조건 30km 이하로 감속하자.
   ▶ 어린이를 다치게 했거나 사망사고를 일으켰다면, 가중처벌되어 수년간 감옥에 있어야 한다.

3. 어린이보호구역 내의 신호등이 없는 횡단보도 앞에서는 사람이 없어도 무조건 일시 정지 후에 통행해야 한다.(2022년 7월부터 시행)

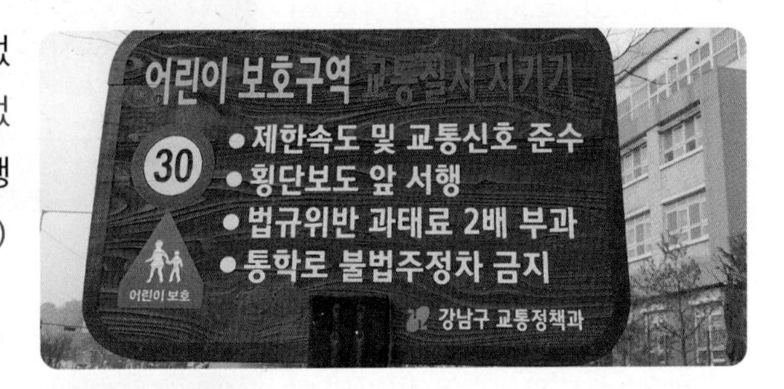

일반 트럭, 대형덤프트럭 뒤 또는 옆에서는

1. 트럭에서 뭔가가 떨어질 수도 있으니 그 차의 뒤나 옆에서는 주행하지 않는 게 안전하다.

2. 고속으로 달릴 때는 아주 작은 돌멩이도 내 차를 찍거나 앞 유리를 파손시킬 수도 있다.

3. 그 차보다 앞서거나 뒤쪽으로 100m~200m쯤 쳐져서 주행하자.

▶ 시내에서는 100m 정도, 고속도로에서는 200m 정도로...

차가 옆 차로에서 위협적으로 내 차 앞으로 들어오면

순간적으로 위협을 느낀다면 차가 들어오기 전에 신속히 경고음을 울려(빵!) 위험을 알려야 한다.

※ 상황에 따라 경고음을 길게 울린다.

같은 속도로 옆으로 나란히 주행하는 건 위험!

같은 속도로 옆으로 나란히 주행하면 서로 간에 사각지대를 만들게 되어 사고를 유발할 수도 있게 된다.

▶ 이때는 내가 앞서가거나 뒤처져 가자.

멀리서 보아, 내 차로 앞쪽에 주·정차된 버스 등이 보이면

1. 발견 즉시 멀리서부터 미리미리 차선변경을 한다.
2. 임박해서 뒤늦게 실시하면 차선 변경이 대부분 어려워진다.

지하주차장을 진·출입할 때는

1. 바퀴가 유도라인 턱에 닿지 않도록 멀리서부터 원을 최대한 크게 그려 진입한다.

2. 지하주차장의 원형 램프를 타고 진입할 때도 유도라인 턱에 걸리지 않도록 원을 크게 그리며 진·출입한다.

지하주차장 원형 램프를 오르내릴 때는

1. 지하주차장 등의 원형 램프를 통과할 때, 운전이 미숙하면 타이어와 알루미늄 휠이 긁히거나
2. 앞쪽 범퍼 모서리가 벽에 닿거나 해서 차가 손상될 수 있으니 다음과 같이 안전하게 진출입하자.

① 비상등을 켠 후, 뒷바퀴가 벽 쪽에 닿을 가능성이 있는 쪽의 사이드미러를 45도로 꺾어 노면과 경계턱(유도라인 턱)이 보이도록 해서 전진한다.

② 전진 중에 만약 뒷바퀴가 유도라인 턱에 닿았거나 닿을 것 같다면 즉각 정지 후, 핸들이 좌우로 움직이지 않도록 해서 약간만(10~30cm) 그대로 후진한 후에 핸들을 반대쪽으로 약간만 조정한 후 다시 천천히 전진한다.

③ 벽 쪽 앞 범퍼와 반대쪽의 사이드미러(45도로 꺾은 거울)를 교대로 보면서 천천히 전진하는 게 포인트이다.

교차로 등에서 신호 기다릴 때 자동변속기를 어떻게 해야 할까?

신호대기 시에 N(중립)에다 놓게 되면,

1. 출발 시에 D로 착각하여 실수할 수도 있고,
2. 뒤로 밀려(오르막길에서) 접촉 사고가 날 수도 있으므로,
3. 항상 D에다 두고서 브레이크만 밟고 신호를 기다리자.

※ 다리를 쉬게 하려면 P에다 놓고서 신호를 기다리면 된다.
(운전이 익숙해지면 N에 놓아도 된다)

차를 벽 쪽이나 인도 쪽에 바짝 붙이는 방법

1. 차를 앞쪽으로 "쭈우욱~' 뺀 후에 완만한 대각선으로 후진을 해서 붙인다.
2. 한 번에 안 되면 전진 후진을 여러 번 반복해서 완료한다.

도로 전방 쪽 시야가 가려진 코너 부근에서 중앙선을 넘어가면

1. 차로 전방이 멀리까지 안 보이는 부근에서 중앙선을 넘어가거나 중앙선을 넘어 앞차를 추월하는 것은 미필적 살인 및 자살 시도 행위이다.
2. 바로 앞에 가는 느린 차로 인해 진로가 방해된다 해도 앞이 멀리까지 안 보이는 코너 부근에서는 절대 중앙선을 넘어가거나 추월해서는 안 된다.
3. 전방이 멀리까지 보이는 곳에서만 상황에 따라 추월할 수 있지만, 이는 엄연한 위법행위임을 알아야 한다.

▶ 중앙선을 조금이라도 넘어가서 사고가 났다면 책임이 따르게 된다.

차 문을 열 때 주의할 점

1. 차 문을 열기 전에 반드시 사이드미러를 통해 자동차, 자전거, 사람 등이 오고 있는지를 확인한 후에 차 문을 열고 하차한다.
2. 사이드미러로 확인하지 않고 문을 열면 사고 위험이 있게 된다.

주·정차 후, 차 안에서 내릴 때는

1. 주·정차 후 차 안에서 내릴 때는 사이드미러를 본 후에 아주 천천히 문을 연다.

2. 천천히 열어야만 옆 차에 문짝이 닿았다 해도 차가 찍히지 않게 된다.
   ▶ 문을 세게 열어 옆 차가 조금이라도 손상되었다면 낭패를 보게 된다.

신호대기 시 적정한 차간 거리는

1. 운전자의 눈높이 기준으로, 앞차의 뒤 범퍼가 반쯤 가려지도록 한다.
2. 앞차의 뒤 범퍼가 반쯤 가려지면 실제 차간 거리는 2m~3m 정도가 된다.

3. 차간 거리가 너무 좁으면 상황에 따라 해야 할 차선변경이 안 되고, 너무 넓으면 도로를 효율적으로 쓸 수가 없게 되어 신호가 떨어져도 정해진 시간에 통과할 수 있는 차량 숫자가 많지 않게 된다.

황색 점멸등, 적색 점멸등은

1. 교통량이 비교적 적은 한적한 곳에는 점멸등을 설치해 놓는다.

2. 점멸등이 보이면 속도를 줄이고 일시 정지 또는 서행해야 한다.
3. 위험한 곳은 황색 점멸등(서행)을 설치하고, 위험이 더 큰 곳은 적색 점멸등(일시 정지 후에 진행)을 설치해 놓는다.

점멸 신호등이 있는 삼거리 교차로에서는

삼거리 교차로에서 한 번에 회전하기가 어려우면,

1. 왼쪽을 먼저 살핀 후에 반만 전진하고,

2. 나머지 반은 우측을 살핀 후에 전진한다.

■ 차량 정체 구간에서 모든 차가 '가다 서다'를 반복할 때는

1. 차량 정체 구간에서는 차와 차 사이로 오토바이가 지나가곤 한다.

2. 정체 구간에서 핸들을 급하게 돌려 틈새를 좁히면, 지나가는 오토바이가 있으면 충돌로 이어질 수 있다.

※ 어디서든 간에 급회전은 위험을 부른다.

▶ 정체 구간에서는 사이드미러를 수시로 확인하여 오토바이 유무를 확인하자.

2. 주차하기

※ 주차 시에는 안전을 위해 비상등을 켜고 실시하자.

▶ 비상등을 켜면, 지나가는 차와 행인들의 안전과 내 안전을 도모하게 된다.

주차하기 및 주차 관련 사항

1. 후방카메라 모니터
2. 전면주차
3. 후진 주차 [1]
4. 후진 주차[2]
5. 평행주차

> 주차공식은 아래와 같이 차의 크기와 길이가 제각각이기에, 획일적일 수가 없다.
> 본 책자에서 다루는 내용은 승용차를 기준으로 한 것이며, 주차공식에서도
> 승용차를 기준으로 한 것이다.
> 승용차도 차폭과 차길이가 조금씩 다르므로, 본 공식을 기준으로 해서
> 본인의 차에 맞게 조금씩 가감하면 된다.
>
> ------------------- 아 래 -------------------
>
> 경승용차, 소형승용차, 중형승용차, 대형승용차, SUV, 소형승합차, 중형승합차,
> 소형버스, 중형버스, 대형버스, 소형트럭, 중형트럭, 대형트럭, 기타

1. 후방카메라 모니터

1) 요즘의 승용차는 대부분 후방카메라가 장착되어 있기에 모니터를 보고 후진하면 후진 주차는 매우 쉽게 된다.

2) 후방카메라 모니터는 자동차 제조사마다 구조와 보는 방법이 다르다.

◈ 본 책자에서는 '현대자동차'의 모니터를 기준으로 설명한다.

※ 현대자동차가 아닌 차종은 그 차의 판매 대리점에서 사용법을 익히거나 설명서를 통해 숙지하면 된다.

1) 모니터 내의 빨간 선

① (현대자동차 그랜저 기준) 뒤 범퍼에서 벽면까지 약 40cm의 간격을 나타낸다.

※ 경고음 : (40cm), 뚜뚜뚜뚜뚜뚜.........

(30cm), 뚜~~~~~~~~~

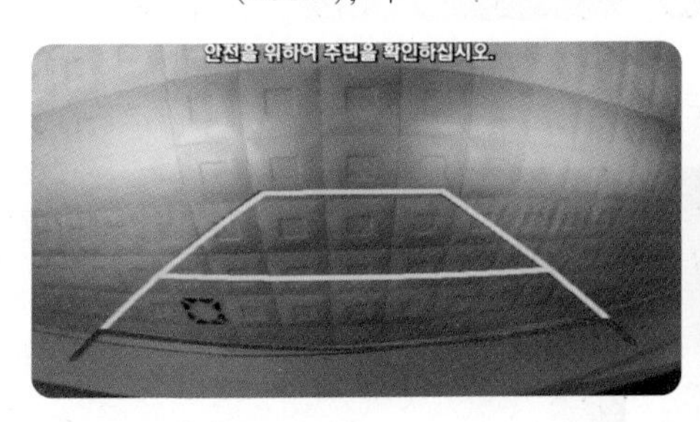

② 모니터의 빨간 선 모서리는 뒤 범퍼의 모서리와 같은 것이며, 화면상에서 빨간 선 모서리가 벽면에 닿으면 실제 뒤 범퍼 모서리와 벽면의 간격은 약 70cm이다.

2) 모니터 내의 파란선은 차 본체가 길게 놓인 모양이다.

3) 모니터 내의 노란선

① 빨간 선으로부터 첫 번째 노란선은 벽면과 범퍼 사이 간격이 1m임을 나타낸다.

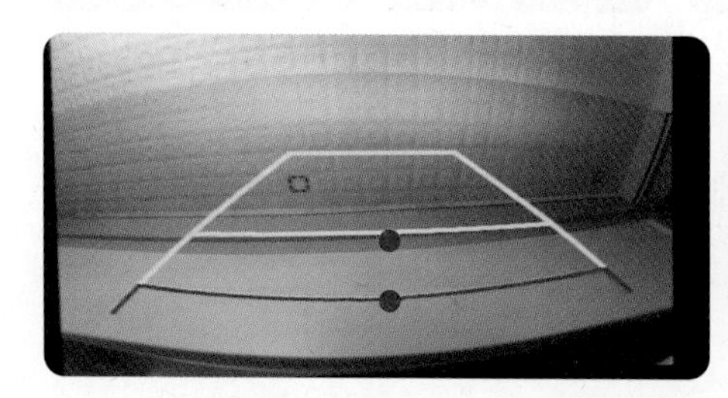

② 앞바퀴가 좌우로 움직이면 노란선도 같은 각도로 똑같이 움직인다.

③ 파란 선과 노란선이 겹쳐지면 파란 선은 안 보이며, 앞바퀴가 정면을 향해 11자로 세워진 것이다.

2. 전면주차

1) 내 차가 들어갈 주차공간의 옆에 세워진 차를 기준점으로 한다.

※ 기준점 차가 없을 때는 들어갈 공간의 오른쪽 라인을 기준점으로 한다.

2) 주차할 공간 앞의 건너편 가장자리 맨 끝으로 접근한다.

3) 기준점 차를 향해 대각선으로 접근해서 기준점 차 범퍼 끝과 내차 좌측 범퍼 끝 간격이 1m 정도가 되게 한다.

※ 차종에 따라 차 길이가 다르므로, 내차 앞 범퍼 좌측 모서리 위치를 기준점 차의 모서리 좌측 또는 우측으로 본인의 차에 맞게 가감한다.

4) 들어갈 주차공간의 반대쪽(우측)으로 핸들을 다 돌린 후(1.5바퀴)

5) 들어갈 주차공간과 내 차가 11자로 일치될 때까지 후진한다.

6) 후진해서 11자가 되었다면 들어갈 공간 쪽으로 핸들을 1.5바퀴 돌려 앞바퀴도 11자가 되게 한다.

7) 들어갈 공간의 좌 · 우측을 공간을 잘 안배하면서 전진한다.

▶ 이때 좌 · 우측 공간 균형이 맞지 않는다면 전진 후진을 길게 반복해서 맞춘다.

※ 위 전면주차 방식은 한 번에 진 · 출입이 어려운 협소한 아파트 주차장에서도 적용되며, 기계 주차장 앞의 입구가 좁은 곳에서도 적용한다.

3. 후진 주차(1)

※ 진입 통로 공간이 넓은 아파트 등에서 적용

1) 주차할 공간의 입구와 내차 옆을 1m 정도 간격을 두어 전진한다.

2) 운전자 어깨를 들어갈 공간 2번째 선과 일치시킨다.

3) 들어갈 공간 반대 방향(우측)으로 핸들을 끝까지 돌린다. (1.5바퀴)

4) 사이드미러로 보아, 라인 모서리가 보이면 전진을 멈춘다.

※ 이때 후방카메라 모니터 빨간색 모서리도 참조한다.

5) 곧이어 핸들을 반대 방향(왼쪽)으로 끝까지 돌린다. (3바퀴)

6) 핸들을 좌우로 약간씩 조정하면서 후진을 해서 좌 · 우측 주차 옆 라인 공간이 내 차와 11자가 되어있을 때 정지한다.

▶ 이때 후방카메라 모니터의 청색 선을 참조한다.

※ 이때 만약 내차의 좌 · 우측 공간 비율이 안 맞는다면, 좌 · 우측 공간이 비슷해지도록 핸들을 좌우로 조금씩 조정하면서 후진한다.

※ 사이드미러에 바닥 주차선이 잘 안 보이면 사이드미러(전동)를 노면으로 약간만 꺾어서 바라본다.

※ 모니터의 청색 선과 노란선이 겹쳐졌다면 앞바퀴가 11자로 세워진 것이다.

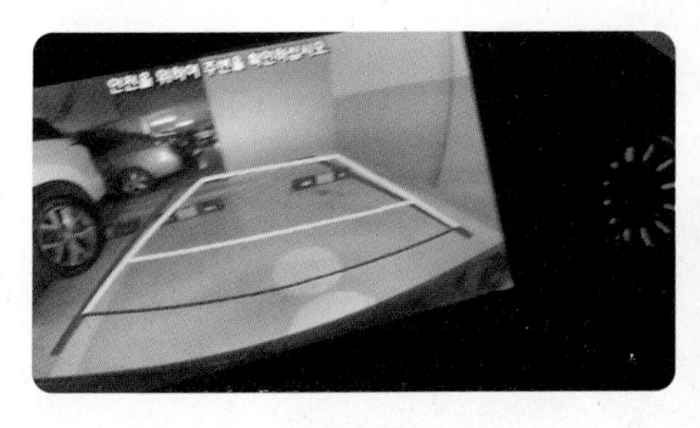

※ 하지만 모니터와 실제는 다소 차이가 있을 수 있으므로 운전석 문을 살짝 열어 바닥 선과 차체가 11자로 일치하는지를 확인한다.

7) 좌 · 우측 공간이 비슷해지도록 핸들을 좌우로 약간씩 조정하면서 후진한다.

※ 사이드미러로 바닥 라인을 확인해보거나, 모니터의 청색 선과 노란선 겹침을 참조한다.

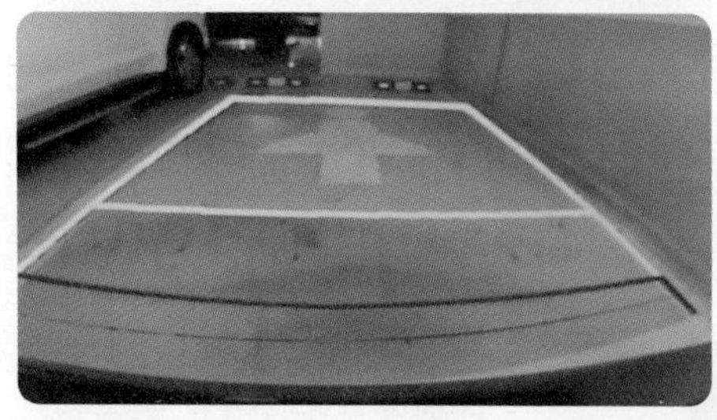

8) 모니터의 빨간 선을 참조한 후

9) 방지턱에 뒷바퀴가 살짝 닿으면 정지한다.

10) 방지턱이 없는 경우에는 옆에 주차된 차의 사이드미러와 내 차의 사이드미러를 일치시킨다.

※ 옆에 주차되어있는 차도 없다면, 차에서 내린 후 뒤의 공간을 직접 확인한다.

11) 자동변속기 레버를 P에 놓고 사이드미러를 접는다.

*사이드미러를 접어두지 않으면 지나가는 사람에 의해 파손 될 수도 있다.

4. 후진 주차(2)

진입 통로 공간이 좁은 연립 주택 등에서 적용한다.

1) 주차할 공간의 입구와 내차 옆을 1m 정도 간격을 두어 세운다.

2) 내 차의 뒤 범퍼 끝을 주차할 공간의 첫 번째 선에 맞춘다.

3) 들어갈 공간 방향(왼쪽)으로 핸들을 끝까지 돌린다.(1.5바퀴)

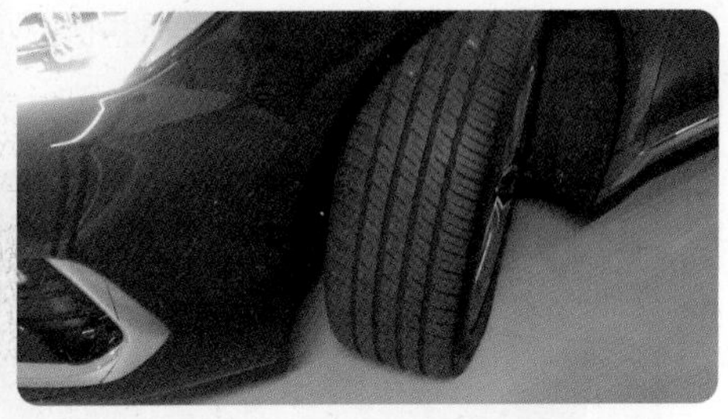

4) 사이드미러로 보아, 후진하여 뒤 범퍼가 주차공간의 입구 앞 라인에 닿으면 정지한다.

※ 후방카메라 모니터도 참조한다.

5) 핸들을 반대쪽으로 다(3바퀴) 돌리고 30cm 정도만 전진한다.

6) 핸들을 좌에서 우로, 우에서 좌로 끝까지 교대로 반복해서 30cm씩만 전진 · 후진을 반복하여 차와 주차선이 11자가 되도록 한다.

※ 후방카메라 모니터도 참조한다.

※ 모니터는 실제와 다소 차이가 있으므로, 운전석 문을 30cm 정도만 살짝 연 후에 바닥을 내려다보아 내 차와 주차선이 11자가 되었는지 확인해 본다.

7) 11자가 되었다면 좌 · 우측 공간이 비슷해지도록 핸들을 조금씩 좌우로 조정하면서 후진한다. ※후방카메라 모니터도 참조한다.

※ 좌 · 우측 공간 차이가 너무 크다면 차를 앞으로 쭈우욱~~ 뺏다가 다시 후진하면서 좌우로 조정하면서 후진한다.

※ 후방카메라 모니터의 빨간 선을 참조한다.

8) 뒷바퀴가 방지턱에 살짝 닿으면 정지한다.

※ 방지턱이 없는 경우에는 옆에 주차된 차의 사이드미러와 내 차의 사이드미러를 일치시킨다.

※ 옆에 주차되어있는 차도 없다면, 차에서 내린 후 뒤의 공간을 직접 확인해서 결정한다.

9) 자동변속기 레버를 P에 놓고 사이드미러를 접는다.

※ 사이드미러는 주차할 때마다 접어두어야만 타인에 의해 부러지는 일이 없게 된다.

5. 평행주차

※ 평행주차 시에도 후방카메라 모니터를 참조한다.

1) 주차할 공간의 앞에 있는 차 옆으로 1.5m 정도의 11자 간격이 되도록 접근한다.

2) 옆에 있는 차와 내 차의 뒤 범퍼가 일치하도록 한다.

※ 차의 크기가 비슷할 때는 옆 차와 내 차의 사이드미러가 일치하도록 하면 뒤 범퍼가 거의 일치하게 된다.

3) 핸들을 옆 차 쪽으로 다(1.5바퀴) 돌리고 내 차의 앞 범퍼가 주차공간으로 들어갈 수 있을 때까지 서서히 후진한다.

4) 내 차의 앞 범퍼가 주차공간으로 들어갈 수 있다면 정지하고, 핸들을 주차공간 반대쪽으로 1.5바퀴 돌린 후에 차가 11자로 될 때까지 후진한다.

5) 차가 11자로 세워지면 정지하고, 핸들을 주차공간 쪽으로 1.5바퀴 돌린 후 앞바퀴도 11자로 세운다.

6) 차가 주차공간의 중앙에 위치하도록 전진 또는 후진을 해서 조정한다.

◈ 평행주차 공식 Point

평행주차도 차의 길이에 따라 조금씩 다르기에 획일적인 공식으로 주차할 수는 없다. 본 책에서 언급한 공식을 기준으로 해서 본인의 차에 맞도록 조금씩 가감해야 한다.

● 평행주차 방법 Point는 다음과 같다.

1. 내 차가 주차공간에 충분히 들어갈 수 있는 공간인지부터 확인한다.

2. 기준이 되는 차와 내 차 간격(1.5m)을 가감하여 내 차에 맞는 간격을 알아낸다.

※ 간격이 넓을수록 내차 뒤 범퍼가 들어갈 공간 뒤쪽으로 가게 되고, 간격이 좁을수록 들어갈 공간 앞쪽으로 가게 된다.

▶ 몇 번 해보면 본인 차에 맞는 공식이 나오게 된다.

▶ 종이상자 4개로 주차공간을 만들어 놓고 주차 연습을 해보자.

PART C - 차선변경

차선변경

■ 차선변경

1. 차선변경 시 유의할 점

① 차선변경은 여유를 두고 미리미리 실시한다.

② 차선변경 전에 사이드미러에 보이는 상황을 0.5초안에 파악한다.

▶ 전방 부주의 사고를 조심해야 하기에 0.5초간에 파악해야 한다.

③ 깜빡이 스위치는 핸들을 잡은 손의 손가락 2개 사이에 넣고 작동시킨다.

④ 진입할 때는 비스듬히 대각선으로 완만하게 밀리듯이 들어간다.

※ 급차선 변경은 위험을 초래하게 된다.

⑤ 진입할 때는 사이드미러 사각지대를 조심해야 한다. 진입하는 순간 사각지대에 차가 있다면 즉각 원위치하고 그 차를 보낸 후에 재진입한다.

⑥ 사각지대 쪽을 직접 확인할 때는 얼굴을 90도로 돌려 상황을 파악한다.

※ 골목길 등에서도 대로변으로 진입할 때는,

(1) 깜빡이를 켠 후에

(2) 얼굴을 90도로 돌려 아주 조금씩 조금씩 진입해 들어가다가

(3) 결정적 타이밍(적절한 공간확보)에서 신속히 들어간다.

■ 차선변경 공식

차선변경 공식을 머리에 넣고 하게 되면, 자신감과 여유롭고 편안한 마음을 얻게 된다.

◈ 공식대로 차선변경 시행

차선변경 시에는 상황에 따라 예외는 있지만, 내 옆 차를 보내고 들어감을 대원칙으로 한다.

1. 깜빡이(방향지시기)를 켠다.

   시내에서는 최소 50m 전에/고속도로에서는 약 200m 전부터 켠다.

2. 사이드미러에 보이는 상황을 0.5초 안에 보아, 옆 차가 내 차보다

   '빠르냐?', '같으냐?'를 판별한다.

   ▶ 0.5초 안에 파악이 안 되었다면 반복해서 다시 시도한다.

3. 내 차보다 빠르면 그 차를 보내고 들어간다.

※ 단, 내 차보다 빠르다 해도 사이드미러 중앙 위쪽에 뒤차가 있다면 내 차와의 간격이 긴 것이므로, 내 차가 진입을 해도 된다.

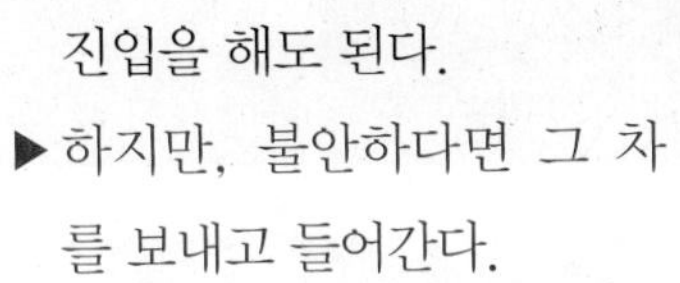

▶ 하지만, 불안하다면 그 차를 보내고 들어간다.

4. 내 차와 속도가 같다면, 그 차의 헤드라이트가 1개라도 보일 때만 들어간다.

※ 헤드라이트가 안 보이고 그 차의 옆구리만 보인다면, 내가 속도를 높여서 그 차의 헤드라이트가 보일 때 들어가거나, 속도를 낮춰서 그 차를 보내고 들어간다.

5. 진입할 기회가 잘 나지 않을 때는 다음과 같이 2단계로 나누어 진입한다.

■ 차선변경 시 진입 1단계(2단계 중 1단계)

1. 깜빡이를 켠다.

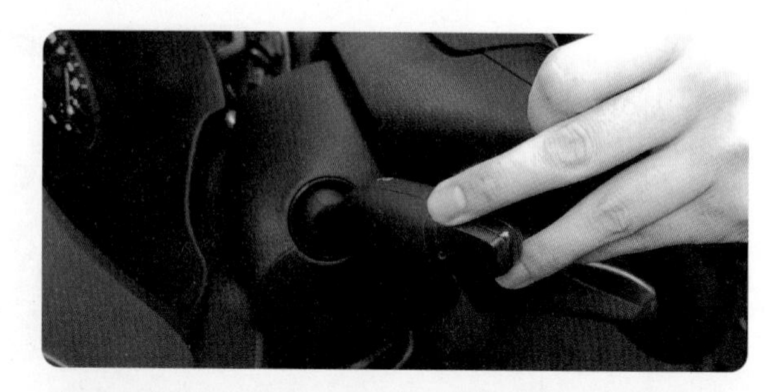

2. 넘어갈 차로의 차선에 앞바퀴를 바짝 붙인다.

3. 옆 차를 한 대 또는 2대쯤 보내고 들어간다.

차선변경 시 진입 2단계

진입 1단계에서 못 들어갔을 때 바로 이어서 실시 한다.

1. 넘어갈 차로의 차선에 앞바퀴를 '바짝 붙임'을 계속 유지한다.

2. 넘어갈 차로의 30cm쯤 이내로 차선을 넘어간다.

3. 곧이어, 차를 한 대 또는 2대쯤 보내고 들어간다.

※ 바퀴가 차선을 30cm 정도 넘어가면, 뒤에 오는 차는 긴장을 하면서 대부분 속도를 줄이게 되기에, 진입 틈새가 나게 된다.

▶ 진입 틈새가 나면 바로 진입한다.

※바퀴가 차선을 30cm쯤 넘어가도 대형버스나 대형 트럭이라해도 통과하는데는 문제가 없게 된다.

※차선 쪽에 어느 정도 접근했고 어느 정도 넘어갔는지는 사이드미러에 보이는 차선을 보아 감각을 익혀 나간다.

■ 차량 유도선의 종류

유도선은 다양한 곳에 여러 형태가 있으며, 대부분 칼러 실선으로 되어 있기에 식별이 매우 쉽다.

1. 교차로에 있는 '흰색 점선'의 직진, 좌회전, 우회전 유도선

2. 고속도로 등에서 출입구(IC)방향이나 목적지 방향으로 유도하는 넓은 칼라실 선

3. 갈림길을 구분 짓는 일반도로의 칼라 유도 실선
   ▶ 노면표지 글씨에 연결된 칼라 유도선을 따라 진행하면 된다.

4. 고속도로 요금소를 무정차 통과하는 곳을 하이패스라 하며, 하이패스 유도선 색은 청색이다.
5. 청색 선이 아닌 주황색 선은 트럭 전용 하이패스 통로이다.
   ※ 승용차가 청색이 아닌 그곳으로 진했어도 문제는 없다. 하지만 트럭이 아니라면 원활한 흐름을 위해 청색 선으로만 진입하자.

좁은 골목길 등에서 대로변으로 진입할 때는

1. 깜빡이를 켠다.

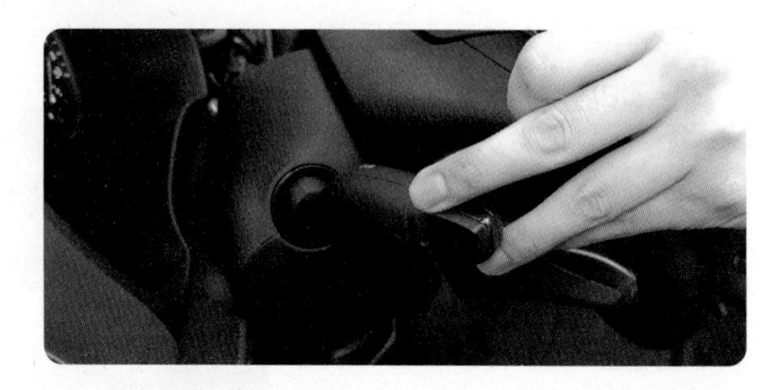

2. 고개를 좌로 90도 이상 돌린 후 대로변으로 조금씩(약20cm씩) 조금씩 진입하다가 대형버스 길이만큼의 틈새가 생기면 바로 들어간다.

   ※ 깜빡이로 상대에게 이미 진입 신호를 계속 주었고, 가장자리 차로에 조금 들어와 있는 상태이기에 바로 들어가도 무방하다.

   ※ 대로변이 정체 수준이라면, 대형버스 길이만큼의 공간 확보가 안 되어도 약 20cm 씩 계속해서 진입하다 보면 진입 틈새가 생기게 된다.

3. 대로변으로 진입하려 할 때, 만약 바로 뒤차가 양보를 해주었다면 진입 후에 비상등으로 감사함을 알린다.

   (3번쯤 깜빡, 깜빡, 깜빡)

4. 속도가 비교적 빠른 대로변이라서 진입하기가 어려운 상황이라면 좌측 깜빡이를 켜고 차량 흐름이 어느 정도 끊길 때까지 기다리다가 어유 공간이 생기면 가속을 하면서 바로 들어가는 게 안전하다.

※ 대로변이라 해도 뒤쪽 어딘가에는 교차로나 신호등이 있을 것이기에 그 신호에 따라 차량흐름이 일시적으로 끊기는 순간은 반드시 있게 되어 있다.

■ 차선변경 순간, 차량끼리 겹침 조심!

1. 내가 차선변경을 하는 순간에 누군가가 우연의 일치로 동시에 차선변경을 하게 되면 충돌이 일어날 수도 있게 된다.
2. 그때는 즉각 원위치했다가 기회를 보아 차선변경을 다시 시도한다.

PART D - 교차로 통행방법

1. 교차로 통행방법

교차로든 어디서든 간에 출발할 때는 위반하는 오토바이나 자동차, 자전거, 보행자 등이 있을 수 있으므로, 전방, 좌 · 우 방향과, 횡단보도를 살핀 후에 출발하자.

▶이를 무시하고 신호만 보고 출발하면 사고로 이어질 수 있다.

교차로 통행방법

1. 멀리서부터 교차로가 보이면,

2. 멀리서부터 신호등 색을 감지했을 때, 녹색(직진) 신호가 아니라면 서서히 감속하면서 교차로 신호등 앞에 접근한다.

   ※ 교차로가 아닌 일반 신호등이 보이는 도로에서도 동일하게 적용한다.

   ① 녹색 신호이면 그 속도를 유지하면서 곧 들어올 황색 신호를 예상해야 하고,

   ② 황색 신호이거나 적색 신호이면 속도를 서서히 줄이면서 완만하게 접근한다.

   ※ 교차로 직전에서 급감속하지 않아야 한다.

   ③ 녹색 신호일 때 곧 황색 신호가 들어 올 거라는 생각에서 더 빨리 가기 위해 가속을 한다면 그 순간은 매우 위험한 순간이 된다.

④ 앞서가는 차가 신호 위반을 한다 해서 나도 따라 하면 안 된다.

⑤ 녹색 신호를 받고 진행할 때도 다른 방향에서 신호 위반하는 차가 있을 수 있으니, 조심해야 한다.
즉, 방어운전을 해야 한다.

◈ 신호가 바뀔 때 교차로 통행방법

1. 정지할 때는 정지선을 넘지 않아야 한다.

2. 정지선을 넘어가면 신호 위반에 해당한다.

3. 황색 신호로 바뀐 순간이 교차로 내에 진입한 순간이라면, 신속히 빠져나가면 된다.

① 황색 신호로 바뀐 순간도 적색 신호와 같은 것이므로 정지해야 한다. 그러나 황색 신호로 바뀐 순간에 급정지하게 되면 바로 뒤에 오는 차와 추돌사고를 일으킬 수 있으므로 안전하게 정지할 수 없다면 그대로 통과해야 한다. (위법이 아님)

② 황색 신호에서 안전하게 정지할 수 있었는데도 무리하게 통과했다면, 양심을 속인 것이다.

◈ 직진하기

1. 노면표지를 보고 미리 직진 차선으로 진입한다.

2. 좌회전 차선 또는 유턴 차선에서 직진하면 차선변경 금지위반이다.

※ 경찰에 적발되면 범칙금이 부과된다.

3. 교통량이 많아 교차로가 막힌다면, 녹색 신호라 해도 막힘이 풀릴 때까지 교차로에 진입하지 않아야 한다.

◈ 횡단보도 직전의 공용차로(직진+우회전)에서는

1. 공용차로에서 뒤에 오는 차가 비켜달라고 해서 정지선을 넘어 횡단보도에 진입하면 신호 위반에 해당한다.
2. 좌측으로 바짝 붙여서 지나갈 공간을 확보해 주지 못할 상황이라면 뒤에서 경적을 울려도 그대로 있으면 된다.

※ 뒤에서 빵! 빵! 경적을 울리는 행위는 법규위반이다. 경찰에 적발되면 범칙금이 부과된다.

◈ 좌회전하기

1. 멀리서부터 미리미리 좌회전 차선으로 진입해서 신호를 기다린다.

2. 교차로 내에서는 차선변경이나 앞지르기가 금지된다.

▶ 교차로 통행방법을 위반하다 경찰에 적발되면 범칙금이 부과된다.

◈ 좌회전 시 사각지대

1. 좌회전할 때 앞 유리의 왼쪽 프레임에 의해 사각지대가 생긴다.

※ 우회전 시에는 앞 유리 오른쪽에 있는 프레임이 사각지대를 유발한다.

2. 좌회전 시에, 프레임 왼쪽과 오른쪽을 번갈아 보면서 좌회전한다.

3. 좌회전이 끝날 무렵에 바로 맞닥뜨리는 횡단보도를 조심해야 한다.

◈ 교차로 우회전하기

※ 개정된 우회전 법규 계도 기간(3개월간)이 끝나고 2023.4.22.부터 단속 본격 시행

1. 우측 깜빡이를 켜고 미리 우측차선으로 진입한다.

2. 우회전할 차의 횡단보도 통행방법은 아래와 같다.

(1) 우회전하기 직전에 보이는 전방 신호가 적색 불일 때는 반드시 일시 정지하여 보행자가 있는지를 확인해야 한다.

※ 일시 정지란? 차량 바퀴가 멈춘 상태를 말한다.
(몇 초간 멈춰야 한다는 규정 같은 건 없다)

① 이때 일시 정지 위치는 횡단보도 직전의 정지선이다.

② 정지선을 지난 뒤 보행자를 발견하고 멈추면 규정 위반이다.

③ 보행자가 횡단보도를 건너는 중이거나 건너려는 사람이 있으면 보행자가 끝까지 다 건넌 후에 통행해야 한다.

(2) 전방 신호가 녹색불일 때는 일시 정지 없이 횡단보도를 통행해도 되지만,

① 보행자가 횡단보도를 건너는 중이거나

② 건너려는 사람이 있으면 이때도 일시 정지해야 하고 보행자가 끝까지 다 건넌 후에 통행해야 한다.

(출처: 2023년 5월 KBS1 뉴스)

(3) 우회전 시 맞이하는 두 번째 횡단보도에서도 무단 통행하면 안 되는 경우

① 횡단보도의 녹색 신호에 따라 보행자가 건너는 중일 때.

② 횡단보도의 녹색 신호에 따라 보행자가 건너려고 할 때.

하지만 횡단보도 보행자 신호등이 녹색불이어도 보행자가 없을 시에는 통행해도 된다. (출처: JTBC News에 출연한 경찰청 교통계장)

[2023.5. JTBC 뉴스 진행자와 경찰청 교통계장과의 일문일답]

A(앵커): 우선 새로 바뀐 우회전의 정석 설명 부탁드립니다.

B(교통계장): 기존에는 우리가 우회전할 때 적색 신호라도 일시 정지 없이 그냥 우회전할 수 있었는데요, 이제는 우리가 직진이나 좌회전을 할 때처럼 전방 신호등이 적색이라면 우회전을 할 때도 일시 정지해야 합니다.

그 이후에 보행자를 살펴서 우회전하면 되겠습니다.

A(앵커): 정면 신호가 빨간불일 때 반드시 일시 정지를 하라는 것인데, 차량이 정지선을 넘어서 섰다면 일단 단속 대상이 되는 건가요?

B(교통계장): 원칙적으로 정지선에 멈춰서야 합니다.

하지만 교차로에서는 여러 가지 다양한 상황이 있을 수가 있으므로 정지선을 넘어설 수도 있습니다. –저희가 정지선을 넘었다고 해서 무조건 단속을 하는 것은 아니고요, 횡단보도에 보행자가 지나가고 있을 때 어떤 위험을 끼치는지를 판단을 해서

단속을 하게 됩니다.

A(앵커): 횡단보도 신호등이 파란 불이고 보행자도 없을 때는 그냥 지나가도 되는 건가요?

B(교통계장): 횡단보도를 지날 때의 대원칙은 횡단보도를 건너는 사람이 있는지만 판단하는 것입니다.

그러므로 보행 신호등이 녹색불이라고 하더라도 횡단 중이거나 횡단하려는 사람이 없다면 서서히 통과해도 됩니다.

◈ 유턴하기

1. 유턴을 어느 때에 해야 하는지는 유턴 시점을 명시한 '유턴 보조지표' 글씨를 보면된다.

2. 유턴하려고 움직이는 순간, 맞은 편에서 오는 차가 있다면 그 차들을 보낸 후에 안전하게 유턴한다.

3. 유턴은 흰색 점선에서만 해야 하고, 흰색 점선 이전의 노란색 실선에서 유턴하면 위법이다.

4. 보도블록 또는 장애물로 인해 유턴이 한 번에 안 되면,

핸들을 우측으로 한 바퀴 돌린 후에 1m 정도 후진했다가 핸들을 다시 왼쪽으로 한 바퀴 돌린 후에 유턴한다.

※ 이때 1m쯤 후진할 때는 뒤에 바짝 붙은 차가 있는지를 꼭 확인해야 한다.

5. 유턴 시엔 핸들 조작법 중에서 써클 방식(한 손으로 핸들 돌리기)을 사용한다.

6. 유턴을 마친 순간에는 핸들을 살짝만 놓아, 핸들 복원력이 작용하도록 한다.
   ① 핸들을 살짝만 놓으면 차가 정면을 향해 핸들 스스로가 한 바퀴 이상 되돌아 간다.
   ② 이 순간, 가속페달을 밟아 차가 빨리 움직이면 핸들도 더 빨리 되돌아간다.

◈ 유턴 전용차로에서 좌회전하면 위법

1. 좌회전 차로는 유턴과 좌회전을 동시에 진행하도록 공용차로로 되어있는 곳이 많다. 하지만 유턴할 차량이 많은 곳은 공용차로가 아닌 유턴 단독차로와 좌회전 단독차로로 구분되어 있다.

2. 도로에 유턴표지와 좌회전 불가 표지가 함께 노면에 표시되어 있으니, 좌회전할 차는 이를 보고 멀리서부터 유턴 차선에는 들어가지 않아야 한다.

회전 교차로 운전

1. 회전 교차로에는 신호등이 없다.

2. 회전 교차로에는 '원형 차로'가 있다.
3. 이'원형 차로에 진입하고 진출하면서 원하는 도로 방향으로 진행한다.
4. 원형 차로에 진입할 때는 좌회전 깜빡이를 켜고, 진출할 때는 우회전 깜빡이를 켠다.
   - ▶ 차선변경 때와 동일하게 하면된다.
5. 원형 차로에 진입한 차가 우선한다.
   - ▶ 하지만, 원형 차로에서 진출할 때는 진입하려는 차가 앞서있다면 그 차를 통과 시키고 진출한다.
6. 회전 교차로 통행 시에는 서행해야 한다.

■ 횡단보도 신호등 옆의 차량 보조등

1. 횡단보도의 좌·우측 신호등은 보행자가 보는 신호등이다.

2. 그 옆에는 운전자용 차량보조등이 있는 경우가 있다.
   ▶ 차량은 이 차량 보조등의 신호를 따라야 한다.

3. 차량보조등이 없는 경우에는 횡단보도등이 녹색 신호등이지만 보행 중인 사람 또는 보행하려는 사람이 없거나, 적색등이 들어왔을 때만 통과해야 한다.

PART E - 상황별 운전

1. 상황별 운전

야간운전

1. 야간운전은 주간운전에 완벽히 적응된 후에 실시하도록 한다.
2. 야간에는 맞은편에서 오는 차의 전조등이 시야를 방해하므로, 될 수 있으면 1차선을 주행하지 않도록 한다.

3. 야간에는 시야가 좁아지고 속도감이 둔해지므로 과속을 하지 않도록 한다.
4. 야간에도 전조등 불빛에 보이는 그 너머 앞까지도 시야를 넓혀야 한다.

5. 전조등에 의해 눈이 부시게 되니, 맞은편에서 오는 차의 전조등 불빛을 정면으로 바라보지 않도록 한다.

6. 야간에 상향등을 켜면, 맞은편에서 오는 운전자의 눈을 부시게 하므로, 그 운전자에게 위험을 가하는 행위가 되니, 하향등을 켜고 운행하자.

7. 계기판에 청색 전조등 신호가 떠 있다면 상향등이 켜진 것이다.

8. 야간에 차폭 등과 전조등을 켜지 않으면, 다른 차량이나 보행자가 내 차를 쉽게 발견하지 못하게 되어 사고율이 높아진다.

9. 야간에는 무단횡단자 치사 사고가 자주 발생한다. 검은 옷을 입은 무단횡단자를 특히 조심해야 한다.

※ 차량 속도가 빠를수록 무단횡단자가 잘 안 보인다는 점을 유념해야 한다.

10. 차선변경이나 좌·우회전을 할 때 깜빡이를 켜지 않는다면, 야간 운전은 서로에게 더 위험해진다.

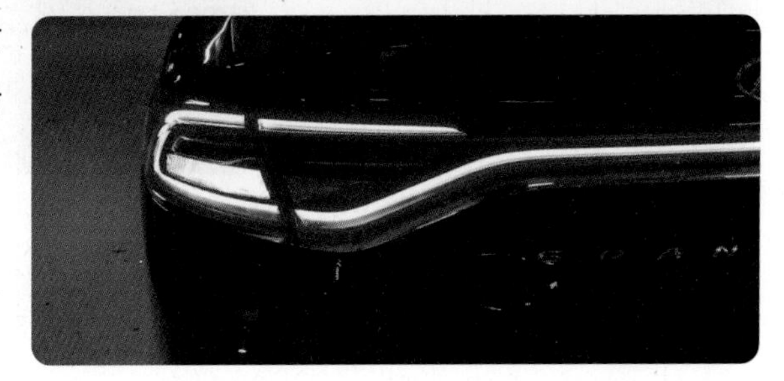

11. 야간에는 룸미러의 각도를 천장 쪽으로 틀어놓아, 뒤 차들로 인한 내 눈부심을 막아야 한다.

12. 가로등이 없는 어두운 시골길 등에서는 안전거리를 유지하면서 앞차를 뒤따라가는게 운전이 쉽고 심리적 안정감도 있다.

※ 하지만 앞차가 너무 빨라 추행追行이 벅차다면 따라 가지 않도록 한다.

13. 선팅이 짙은 차량의 야간운전은 초보운전자에게는 매우 위험해진다.

▶ 짙은 선팅은 시야가 더욱 좁아지고, 사이드미러에 보이는 물체도 잘 안 보인다.

※ 옅은 선팅으로 바꾸는 게 안전하다.

14. 짙은 선팅은 초보운전자에게는 지하주차장에서도 위험하다.

▶ 그래서 지하주차장에서는 앞 창문을 다 내리고 운전하는 게 좋다.

※ 야간에 교차로 등에서도 선팅으로 인해 어두워 보인다면, 앞 창문을 잠시 내리고 좌/우회전을 하도록 한다.

상향등과 하향등의 전방 시야 차이

1. 상향등은 하향등보다 전방 시야가 2배쯤 길게 확보된다.

2. 하지만 상향등은 맞은편에서 오는 운전자의 눈을 부시게 하여 위험을 초래한다.

3. 상향등은 어두운 시골길 등에서 불가피하게 켜야 할 때만 사용한다. 이때 맞은편에서 차가 나타나면 하향등으로 신속히 바꿨다가 맞은 편 차가 지나가면 다시 상향등으로 바꿔 켜면 된다.

4. 상향등이 켜지면 계기판에 상향등 표시가 뜬다.

모든 커브(곡선)길 운전 시 유의할 점

1. 커브 길의 곡선 부분은 원심력이 크게 작용한다.
2. 원심력은 차량 속도가 높을수록 더욱 커진다.
3. 빙판길, 눈·비로 인해 곡선 부분의 노면이 미끄러울 때는 더 큰 위험이 따르게 된다.
4. 곡선 부분에 도달하기 전에 미리미리 감속해야 한다.

5. 고속으로 달리다가 코너를 도는 순간 급브레이크를 밟으면, 차가 가드레일 쪽으로 미끄러지거나 전도, 전복될 수도 있게 된다.

■ 모든 커브(곡선)길 운전 방법

1. 아래 사진처럼 원심력이 도로 우측으로 작용할 때는 미리 감속한 후에, 좌측 앞바퀴가 자기 차로의 왼쪽 라인 안쪽 약 30cm쯤에 위치되도록 한다.

   ▶ 그렇게 하면 뒷바퀴는 왼쪽 라인에서 10cm쯤 떨어지게 되며, 안정감 있고 자신감 있는 주행이 이루어진다.

2. 위의 반대로, 원심력이 도로 좌측으로 작용할 때는 미리 감속한 후에, 우측 앞바퀴를 자기 차로 오른쪽 라인의 안쪽 약 30cm쯤에 위치되도록 한다.

   ▶ 그렇게 하면 뒷바퀴는 오른쪽 라인에서 10cm쯤 떨어지게 되며, 안정감 있고 자신감 있는 주행이 이루어진다.

3. 차선이 곡선(커브) 형태가 아닌 직선일 경우에는 두 앞바퀴를 자기 차로의 중앙에 위치시킨다.

빗길운전

1. 빗길에서 80km 이상 고속으로 달리면, 노면과 타이어 사이에 수막이 형성되어 차가 물 위에 약간 떠가는 듯한 현상을 보인다. (수막현상)

   ※ 폭우 시에는 60km 전후에서도 비슷한 현상이 생긴다.

2. 그러므로 빗길운전은 안전거리를 더 길게 두어야 하고, 시야가 좁고 도로가 미끄럽기에 비가 오지 않을 때보다 속도를 낮추어야 한다.

3. 수막현상 중에 돌발상황이 닥치면, 핸들과 브레이크가 원하는 대로 잘 되질 않아 사고로 이어질 수도 있다는 점을 잊지 말자.
4. 흐리거나 눈. 비가 올 때는 전조등을 켜야 한다.

   ▶ 전조등을 켜지 않으면 시야가 좁아지고 내 차가 보행자나 다른 운전자들에게 잘 보이질 않게 되어 위험해진다.

5. 짙은 안개 또는 폭우가 쏟아지면 낮에도 차선이 잘 안 보이게 된다.

   ① 이때는 앞차 뒤를 따라가는 게 좋다.

   ② 내가 맨 앞에 가는 중이라면, 비상등을 켜고 중앙선을 찾아 가상의 차선을 생각하면서 서행해야 한다.

③ 차선이 하나라도 보인다면, 그 차선을 중심으로 가상의 차선을 생각하면서 진행한다. ▶다른 차들과 보조를 맞추면서 서행한다.

④ 폭우가 쏟아질 때, 와이퍼를 최고 단계로 올려도 앞이 잘 안 보일 때는 비상등을 켜고 속도를 크게 낮추어야 한다.

※ 앞 유리에 붙는 비의 양은 속도가 높을수록 많아진다.

⑤ 비 오는 날의 야간운전은 시야가 좁고 노면이 미끄러워 위험하다.

⑥ 가로등의 불빛, 맞은편에서 오는 차들의 전조등 불빛, 앞차들의 후미등과 브레이크등에서 나오는 불빛들이 현란함을 유발하기에, 비 오는 야간운전은 차선이 잘 보이질 않아 위험해진다.

⑦ 비 오는 날은 보행자가 잘 안 보이고, 보행자는 우산을 쓴 상태이기에 발 앞에만 보는 경향이 강하며, 빗소리로 인해 차 소리도 잘 듣지 못하게 되니, 운전자가 횡단보도나 특히 좁은 길에서의 운전을 조심해야 한다.

빗길, 빙판길, 눈길에서의 브레이크 사용법

1. 미끄러운 길에서 급제동하면, 차가 옆으로 돌거나 제동이 잘되지 않는다.
2. 특히 원심력이 작용하는 곡선 부분에서는 더욱 위험에 처하게 된다.
3. 미끄러운 길에서의 엔진브레이크 사용은 필수이다.

4. 제동할 때는 브레이크를 한 번에 밟지 않고 여러번 나누어 밟아야 한다.
   ▶ 즉, 브레이크를 아주 살짝 밟은 상태에서, 아주 짧게 여러 번 푹!푹!푹!푹!푹! 밟아준다.
5. 미끄러운 길에서는 안전거리확보와 저속운행을 더욱 철저히 지켜야 한다.

■ 빙판길 · 눈길 운전

1. 빙판길 ·눈길에서도 안전거리확보와 저속운행을 더욱 철저히 이행해야 한다.
2. 제동할 때는 아주 살짝 밟은 상태에서 아주 짧게 여러번 푹!푹!푹! 밟아준다.
3. 미끄러운 길에서의 급출발은 바퀴가 겉돌게 되므로, 아주 천천히 출발하고 제동할 때도 아주 천천히 해야 한다.
4. 빙판길 눈길에서 급회전, 급핸들 조작을 하면 차가 원심력에 의해 옆으로 미끄러진다.

■ 방어운전이란?

1. 타 차량이나 보행자 등으로 인해 발생할 수도 있는 위험요소를 운전 중에 순간순간 파악하여 그에 따라 미리미리 마음속으로 대비하면서 안전운전을 도모하는 것을 말한다.
2. 운전 미숙을 해소하고, 교통법규를 철저히 잘 지키고, 방어운전만 잘하면 교통사고는 거의 발생하지 않을 것으로 생각한다.

[방어운전 해야 할 상황의 예시]

운전 중에 다음과 같이 미리 생각하면서 운행한다.

▶ 그렇게 하면 실제상황에서 대처능력이 더 빠르게 작용한다.

1. 앞에 가는 차가 갑자기 급정지할 수도 있으니 안전거리를 유지한다.

2. 교차로 우측 코너를 돌 때, 횡단보도 신호대기 중이던 사람이 갑자기 뛰어들 수도 있다.
3. 내가 속도를 더 내어 달리고 있을 때, 옆에 가던 차가 갑자기 내 차선 앞으로 급차선 변경을 할 수도 있다.
4. 앞에 가는 트럭에서 뭔가가 떨어질 수도 있으니 안전거리를 더 둔다.
5. 앞쪽 옆에 걸어가던 보행자가 갑자기 내 차 앞으로 들어올 수도 있다.
6. 주·정차 중인 트럭이나 버스 앞에서 사람이 갑자기 튀어나올 수도 있다.
7. 교차로에서 내가 진행하고 있을 때, 신호 위반하고 지나가는 차가 있을 수도 있다.
8. 터널 입구 안쪽 어두운 곳에 차가 멈춰 서 있을 수도 있다.
9. 언덕길 고갯마루 정상부근을 넘어가는 순간, 보이지 않는 바로 앞 지점에 사람이나 물체 등 뭔가가 있을 수도 있다.
10. 시속 100km 이상 고속주행 중에, 갑자기 펑크가 날 수도 있다.
11. 중앙선 맞은편에서 음주운전 차가 갑자기 넘어올 수도 있다.
12. 내가 코너를 돌려는 순간, 오토바이가 코너에 쏜살같이 와 있을 수도 있다.
13. 차가 막혀 서행 중일 때, 오토바이가 내 차와 옆 차 사이로 지나갈 수도 있다.
14. 내가 지나갈 때, 절벽에서 낙석이 떨어질 수도 있다.
15. 시골길 등 맞은편이 안 보이는 모퉁이를 도는 순간, 중앙선을 넘어온 차와 정면충돌 할 수도 있다.

16. 야간에, 어두운색 복장의 무단횡단자가 있을 수도 있다.
17. 골목길 사거리를 지날 때, 사람이 좌우로 뛰어가거나 자전거 오토바이 등이 갑자기 좌우로 지나갈 수도 있다.
18. 앞에 가는 자전거가 내차 앞으로 넘어질 수도 있다.
19. 내가 차 문을 열고 나기는 순간에, 지나가던 사람 자전거 오토바이 자동차 등이 차 문에 충돌할 수도 있다.
20. 유도선이 2개인 교차로에서, 옆 차선에서 갑자기 내 차선 앞으로 끼어들 수도 있다.
21. 해안가의 도로나 고속도로 내의 큰 교량을 지날 때, 차가 강풍에 갑자기 크게 휘청거릴 수도 있다.
22. 가파른 코너 길에서 내차 옆의 대형 트럭, 대형버스, 탑차 등이 원심력에 의해 내 차를 덮칠 수도 있다.
23. 어린이보호구역 내에서, 안 보이던 어린이가 갑자기 튀어나올 수도 있다.

PART F

- 고속도로 운전
- 교통사고 대처하기
- 비상시 응급조치
- 기본적인 차량 관리

1. 고속도로 운전

고속도로 톨게이트 진입과 요금 정산

1. 고속도로 진입 전 또는 진입 후에 톨게이트가 보이면, 하이패스 통로와 현금결제 통로를 식별하여 통과하려는 방향으로 멀리서부터 미리 진입한다.

2. 하이패스 통로와 현금결제 통로는 안내 표지판 또는 노면 표지판을 통해서 미리 알 수가 있다.

3. 하이패스 통로로 가는 차선은 청색 유도선이 그려져 있다.

4. 결제 단말기가 앞 유리에 부착된 차는 하이패스 톨게이트로 이어지는 청색 유도선을 따라가면 하이패스 결제 통로를 지나는 순간 자동으로 정산된다.

5. 현금결제 통로는 톨게이트 지붕 쪽에 '현금'이라는 '전등'이 켜져 있다.
   ▶ 진입하면서 튀어나와 있는 티켓을 뽑으면 된다.

6. 현금결제 통로 중 일부는 일시적으로 폐쇄할 수 있으니, 통과가 가능한 쪽으로 멀리서부터 미리 파악하여 진입한다.
7. 하이패스 결제 단말기가 없는 차는 톨게이트에서 통행권을 뽑은 후 나가려는 요금소에서 카드나 현금으로 결제한다.
8. 본의 아니게 단말기 없이 하이패스를 통과했거나 일반 톨게이트에서 통행권을 뽑지 못했을 때는 멈추지 않고 그대로 진행한 후에 나가려는 IC의 요금소에서 정산하면 된다.
   ▶ 정산소의 단말기에는 내 차가 진입한 톨게이트 명이 기록되어 있다.
9. 사정상 요금을 못 냈을 때는 차량 소유자의 주소지로 고지서가 오게 된다.

고속도로 운전 [1]

◈ 고속도로 운전 전에 유의할 사항

1. 고속도로 운전은 한적한 곳, 시내 도로, 국도, 고속화도로(자동차전용도로)를 통해 단계적으로 실시하여 운전이 익숙해진 후에만 최종적으로 시도한다.

2. 고속도로는 신호등, 교차로, 횡단보도, 무단횡단자, 오토바이 등의 장애 요소가 없기에 일반도로보다 운전이 쉽게 느껴진다. 하지만 모든 차의 속도가 매우 빠르므로 초보운전자에게는 대형 사고 위험이 크다는 점을 유의해야 한다.

◈ 고속도로 운전 직전에 점검할 사항

1. 연료량 체크(탱크의 50% 이상 채워야)

2. 냉각수(부동액) 보조 탱크 체크(MAX 선까지 채워야)

3. 워셔액 체크(저장 통의 50% 이상 채워야)

※ 냉각수(부동액)와 워셔액은 카센터, 차용품점에서 구입

4. 타이어 에어 체크 (시내 주행 때보다 5% up 해야)
5. 엔진오일 체크
6. 브레이크 오일 체크
7. 파워스티어링(동력 방향조절) 오일 체크

▶ 위의 1번~3번은 본인이 체크하고, 나머지는 카센터에 들려 체크를 요청한다.

◈ 고속도로 주행 시 유의할 점

1. 고속도로를 장시간 달리다 보면 속도감이 둔해져서 자기도 모르게 과속하게 된다.

▶ 속도가 좀 높다고 생각되면 눈만 움직여 0.5초 안에 속도계를 수시로 내려다보자!

2. 고속도로에서는 100m 정도의 안전거리확보가 매우 중요하다.

※ 뉴스에 나오는 고속도로 사고는 대부분 안전거리 미확보로 발생한 연쇄 추돌사고들이다.

3. 규정 속도를 유지하고 있다 해도 심장이 빨리 뛰고 있다면 본인이 감당할 수 있는 속도를 넘어 과속 중인 것이므로 즉시 감속해서 주행해야 한다.
4. 다른 차들의 속도에 나도 맞추어야 한다는 강박관념에서 무리하게 속도를 내는 것은 목숨을 건 도박행위이다.
5. 빨리 달리기엔 무리일 경우에는 갓길 옆의 가장 자리 차로로 진입하여 본인이 감당할 수 있는 속도로 주행하자.

▶ 이때 고속도로 최저속도 (시속 50km) 이하로는 내려가지 않아야 한다.

◈ 고속도로 본선으로 진입하기

1. 고속도로에서는 주간에도 전조등을 켠다.
2. 일반도로에서는 ①낮에도 차폭등을 켜고, ② 고속도로에서는 전조등을 켜면 사고율이 낮아지기에 교통 당국에서는 이를 권장하고 있다.

◈ 고속도로 진입 방법

1. 좌측 깜빡이를 켠다.

2. 본선으로 진입할 때는 가속차로에서 엑셀을 좀 더 깊이 밟아 속도를 충분히 낸 후에 가장자리 차로로 서서히 진입한다.
   ▶ 어디서든 간에 급차선 변경은 사고의 원인이 된다.

3. 진입할 때는 가장자리 차로 그 이상을 한 번에 넘어가면 매우 위험해진다.
   ▶ 일단, 가장자리 차로에 진입한 후에 한 차선씩 원하는 차선으로 넘어가자.

4. 진입 후에는 주변 차들과 비슷한 속도를 유지하면서 안전거리를 유지한다.

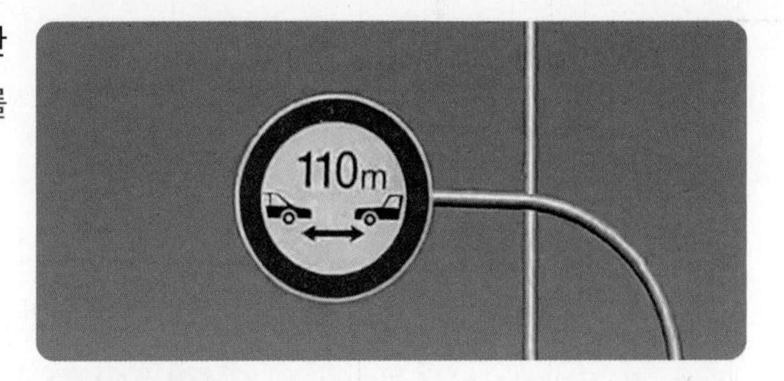

5. 운전지 시야는 바로 앞 도로가 아닌 앞차와 그 앞의 차들까지도 보면서 주행한다.

◈ 고속도로 주행하기

1. 진입 후에는 앞차와의 안전거리를 110m 정도 유지한다.

※ 앞차가 갑자기 돌발적으로 급정지했을 때, 추돌사고를 막으려면 안전거리를 최소 110m쯤은 유지해야 한다.

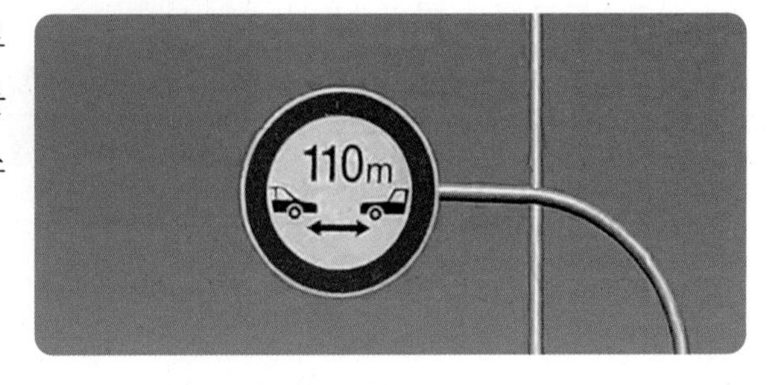

2. 진입 후에는 추월차선(1차선)이 아닌 주행차선에서만 주행한다.

▶ 1차선은 추월할 때만 들어가야 한다. 그러나 이를 무시하는 게 관행처럼 되어버렸지만, 이는 엄연한 법규위반이다.

3. 초보운전 때는 안전을 위해 주행차선에서만 주행하고 추월할 때만 1차선에 들어가자.

▶ 추월선에 들어가 저속으로 주행하면 매우 위험해지고, 뒤에 오는 차들이 욕설과

위협을 가하게 된다.

※ 일반도로에서도 1차선에 들어가 저속으로 주행하면 다른 차들의 지탄의 대상이 된다.

4. 규정 속도를 지킨다.

① 규정 속도를 초과 중인 그 순간은 음주 운전만큼의 위험이 따르게 된다.

▶ 즉, 돌발상황이 순간적으로 발생한다면 순발력, 인지력 등이 음주 운전 상태가 되어버린다.

② 차량 속도가 규정 최저속도 그 이하로 내려가면, 뒤에서 고속으로 달려오는 차들로 인해 대형 사고 위험이 커지게 된다.

▶ 특히 야간 또는 심야에 극도로 조심해야 한다.

③ 고속도로에서 최저속도로 주행할 때는 갓길 옆 차선에서 주행해야만 다른 차들의 주행에 방해가 되지 않고 안전을 도모할 수 있다.

④ 속도계 또는 내비게이션을 실시간으로 자주 내려다보아 차량 속도를 수시로 확인한다.

▶ 내려다볼 때는 눈만 움직여 0.5초 안에 확인하고, 눈은 0.5초 안에 전방주시로 되돌아와야 한다.

※ 차량 속도계와 내비게이션 속도 숫자는 조금 차이가 있다.

▶ GPS 기반인 내비게이션이 맞는 것임을 유념하자.

◈ '규정속도위반' 단속카메라 / '신호 위반' 단속카메라

단속카메라는 신호 위반이나 과속으로 인해 발생하는 교통사고를 줄이기 위해 설치한 것이다.

1. 시내 및 일반도로의 무인 단속 장비는 다음과 같이 4가지가 있다.

① '신호 위반' 및 규정속도위반 단속카메라

② '규정속도위반' 단속카메라

③ 도로변에 설치한 경찰 고정식 카메라

④ 교통 경찰차에 장착한 규정속도위반 단속카메라 또는 삼각대에 설치한 규정속도위반 단속카메라

2. 고속도로단속에는 다음과 같이 10가지 방식으로 단속한다.

1) 교통 경찰차에 장착한 제한속도위반 단속카메라

2) 드론에 장착한 단속카메라

※ 500m 상공에서도 번호판 식별과 탑승 인원까지 식별할 수 있다.

3) '경찰 헬기'에 장착한 단속카메라

※ 500m 상공에서도 번호판 식별과 탑승 인원까지 식별할 수 있다.

4) 교통경찰의 암행순찰차

※ 난폭운전 및 규정속도위반 시 현장에서 적발한다.

5) 불특정 다수의 공익제보(블랙박스에 찍힌 영상을 제보)

▶ 신고자 본인 차량의 블랙박스에 찍힌 영상을 경찰서에 제보

6) 고정식 '제한속도위반' 단속카메라

7) 고정식 '구간 제한속도위반' 단속카메라 및 단속시스템

8) 고속도로 내 버스전용차로 단속카메라

9) 갓길에 설치한 가변차로 단속카메라

10) 갓길의 일부 구간에 설치한 '소형차전용도로' 단속카메라

◈ 고속도로 주요 단속 대상

1. 갓길, 가변차로, 소형차전용도로 운전 위반
2. 버스 전용차선 운전 위반
3. 제한속도 위반
4. 난폭운전
5. 정체 시 끼어들기
6. 운전 중에 핸드폰 사용(핸즈프리 사용은 무방)

◈ 고속도로 버스 전용차선 통행 가능 차량

–9인승 이상의 승용차 및 승합차.

▶ 단, 12인승 이하일 때는 6명 이상이 승차해야만 위반이 아님.

◈ '구간단속(구간 제한속도위반 단속)'이란?

1. 운전자가 제한속도 단속카메라 앞에서만 제한속도를 지키고 그 단속카메라를 통과한 후부터는 또다시 속도위반 하는 단속 맹점을 보완하기 위해'구간단속구간'을 고안해낸 것이다.
2. 구간단속은 고속도로, 국도, 지방도로의 일정 구간을 정하여 운용한다.
3. '구간속도위반' 단속 장비는 '구간단속'구간 시작점과 종료 지점에 설치되어있다.

4. '구간단속구간'의 속도위반 단속 방식 3가지는?

   ① '시작지점'에 제한속도 위반 단속카메라 설치

   ② '종료 지점'에 제한속도 위반 단속카메라 설치

③ 정해진 구간 내의 운행속도 평균

▶ 운행속도 평균이 규정된 제한속도를 넘지 않아야 함.

※ 위의 3가지 중에서 하나만 위반해도 제한속도 위반이 된다.

① 제한속도가 시속 100km 구간이라면, 시작지점 단속카메라와 종료 지점 단속카메라 앞에서는 100km를 넘지 않아야 한다.

② 구간 내(시작점과 종료 지점 사이)에서도 평균속도가 제한속도를 넘지 않아야만 단속에 걸리지 않는다.

▶ 즉, 구간 내에서는 100km를 넘을 수도 있고 내려갈 수도 있지만, 구간 내 평균속도가 100km를 넘지 않아야만 단속에 걸리지 않는다.

③ 만약 위의 3가지 중에서 하나라도 위반했다면 차량 소유자의 주소지로 고지서가 오게 된다.

5. 구간단속구간은 멀리서부터 안내 표지판에 의해 알 수 있으므로. 그 안내 표지판을 본 직후에는 제한속도부터 신속히 확인해야 한다.

6. 안내 표지판이 보이면, 곧이어 최장 2Km 앞쯤에서는 단속카메라와 제한속도 표지판이 보이게 된다.

7. 구간 단속구간 종료 지점도 안내 표지판에 의해 미리 알 수 있다.

8. 구간단속 종점도 안내 표지판에 의해 곧 알 수 있다.

9. 단속카메라는 전방 40m~100m쯤에서 제한속도 위반차량이 감지되어 작동된다.
10. 단속카메라 위치와 구간단속구간은 내비게이션에서도 알려 주지만, 업데이트가 안 되었거나 오작동일 경우에는 낭패를 볼 수 있으니 맹신하지 않도록 한다.
11. 구간단속구간 설정이 고속도로와 일반도로에 점점 늘어나는 추세이다.

■ 고속도로 터널 내 운전

1. 고속도로에는 긴 터널이 의외로 많다.

2. 터널 내에서는 속도감이 둔해지고 본의 아니게 과속을 하는 경우가 많으므로 신속히 속도계를 자주 내려다보면서 규정 속도를 지켜야 한다.

3. 터널 내의 차선은 처음부터 끝까지 실선으로 되어있으므로 터널 내에서는 추월이나 차선변경을 하지 않아야 한다.

4. 터널 내에서 불이 났을 때는 매연과 가스로 인해 많은 인명피해가 날 수 있으니 터널 벽면에 비치된 소화기로 신속히 진화해야 한다.

※ 터널 내 차량 화재 시에는 내 차가 아닌 앞뒤 옆 어느 차든 간에 발견되는 즉시 소화기로 신속히 진화해야 한다.

▶ 유독가스로 인한 모두의 질식을 신속히 막아야 하기에 누구든지 간에 소화기를 찾아 신속히 불을 꺼야한다.

5. 모든 터널 내에는 약 50m 간격으로 소화기와 비상 전화기가 비치되어 있고, 터널 내에는 사람이 반대 방향으로 피할 수 있는 비상구도 있다.

6. 터널 내에는 공기가 좋지 않으므로 공기순환 레버를 내기 순환으로 바꾸고 창문을 닫고 통과한다.

7. 터널을 통과한 직후에는 공기순환 모드를 원위치시키고, 단 몇 초 만이라도 창문을 열어 공기를 신속히 바꿔주는 게 건강과 졸음운전 예방에 큰 도움이 된다.

고속도로에서 나가려는 IC를 지나쳤다면

1. 차를 세우지 않고 그대로 진행해야 한다.

   ※ 대형 참사가 도사리기에 후진은 있을 수 없는 일이다.

2. 너무 먼 거리라 해도 다음 IC까지 가서 되돌아와야 한다.

고속도로 운전 [2]

◈ 고속도로 내의 갓길

1. 고속도로의 갓길을 주행하다 적발되거나 신고되면 범칙금과 벌점을 받는다.

2. 도로교통법 제60조를 보면, 갓길에 정차하거나 갓길을 운행할 수 있는 차량은 두 가지뿐이다.

   ① 교통 경찰차, 고속도로 순찰차, 구급차 등 긴급자동차

   ② 신호기 지시 또는 교통경찰관의 지시가 있었을 때

3. 예외 적용 : 고장이나 사고 등 부득이한 사유가 발생했을 시에는 갓길에 일시적으로 주·정차가 가능하다. * 용변을 보기 위함은 부득이한 사유에 해당하지 않는다.

◈ 고속도로 갓길 내의 가변차로

1. 고속도로 내의 가변차로는 갓길에 적용한다.

2. 교통량이 많은 시간대에는 신호기로 모든 차량의 갓길 통행을 허용한다.

3. 갓길 위에는 신호등과 단속카메라를 설치해서 적색과 녹색으로 통행 가능 여부를 표시한다.
   ① 녹색일 때는 모든 차량이 통행할 수 있다.

   ② 적색일 때는 긴급자동차, 경찰공무원 차 등 본래의 지정된 차량만 통행할 수 있다.
   ③ 가변신호등이 녹색에서 적색으로 바뀌면, 신속히 갓길을 벗어나야 한다.
   ▶ 이를 어겨 단속카메라에 적발되면 갓길침범으로 처리된다.

◈ 고속도로 갓길 내의 '소형차전용도로'

1. 고속도로 갓길 중 교통량이 많은 일부 구간에서는 갓길 기능에 '소형차전용도로' 기능까지 겸해서 운용하고 있다.

2. 여기서 말하는 소형차는 경차를 의미하는 것이 아니며, 일반 차량(15인승 이하의 승용차와 승합차, 1.5t 이하의 화물차)을 말한다.

3. 갓길은 고속도로의 차로보다 폭이 좁기에 대형 트럭이나 특수차, 버스 등은 통행을 제외한다.
4. 설치된 신호기에 녹색 신호가 들어와 있을 때만 소형차량 통행이 가능하다.
5. 적색 신호가 들어와 있을 때는 본래의 갓길 기능으로 되돌아간 것이기에 지정된 차량만 진입할 수 있다.

◈ 고속도로 사고의 주요 원인

1. 제한속도를 위반한 과속주행 (음주운전 상태와 유사)

2. 안전거리 미확보
   ▶ 앞차가 급정지하면 추돌사고 발생

3. 졸음운전

▶ 시속 100km 시에 1초만 졸아도, 약 60m를 눈감고 가는 것과 같다.

4. 전방 부주의(전방주시 태만)

5. 급차선 변경

▶ 옆 차와의 충돌사고 발생

6. 낙하물 또는 사고 차의 고장으로, 뒤차와 충돌

7. 돌발상황 시에 핸들 급회전 조작(급핸들조작)을 하면

① 속도가 빠를수록 강한 원심력이 작용하기에 중앙분리대 또는 가드레일과의 충돌로 인해 대형 사고가 발생할 수 있다.

② 이로 인해 전도 또는 전복사고로 이어질 수도 있다.

※ 시속 100km 전후의 고속주행 중에는 핸들을 살짝만 돌려도 차체가 크게 휘청거리며, 심하면 균형을 잃고 전도 또는 전복사고가 발생한다.

◈ 졸음운전

1. 시내에서의 졸음운전은 거의 없다.
2. 졸음운전은 대부분 고속도로상에서 발생한다.

① 고속으로 장시간 주행하다 보면 정신이 느슨해지고, 차 안의 산소 부족과 이산화탄소 증가로 인해 더욱 졸음이 오기 때문이다.

② 두뇌에 산소가 부족해지면 하품이 나오기 시작하면서 졸리기 시작한다.

▶ 하품은 빨간 경고등이 켜진 것과 같다

③ 교통 당국의 발표자료에 의하면, 고속도로의 교통사고 사망자 75%는 졸음운전과 전방주시 태만이 차지한다.

◈ 졸음운전 주요 원인

1. 졸음운전의 주요 원인은 수면 부족, 몸의 피로, 차내 산소 부족 및 차내 이산화탄소 발생 등이다.

2. 그중에서 우리가 의식하지 못하고 간과하는 부분이 있다. 즉, 앞 유리 쪽의 송풍구에서 나오는 뭔가가(전자파?) 크게 작용한다고 본다.

* 바람이 앞 유리를 치고 얼굴 쪽으로 나오도록 해서 한 시간 이상 운전을 해보면, 가중되는 피로를 느낄 수 있기에 엔진에서 발생한 전자파(?)의 영향으로 의심이 되는 것이다.

* 아무튼, 고속도로 운전은 물론 일반도로에서도 김 서림 제거 및 방지 외에는 바람이 앞 유리 쪽으로 나오지 않도록 방향설정을 해두자.

◈ 졸음운전 해소방법

1. 바람 방향설정이 앞 유리 쪽으로 되어있는지부터 확인한다.

※ 만약 풍향이 아래와 같이 앞 유리 쪽으로 되어있다면 방향을 아래쪽으로 즉각 돌리자.

2. 하품이 나오거나 졸리기 시작하면 즉각 환기부터 시켜야 한다.

▶ 이산화탄소를 제거하고 산소공급을 해야 한다.

※ 창문을 수시로 열었다 닫는다. (1회에 10초 이상)

3. 졸음 쉼터 또는 휴게소에 잠시 들려 휴식 및 스트레칭도 한다.

4. 휴게소나 졸음 쉼터에서 약 10분쯤 잠을 잔다. 가장 중요!!

▶ 극도로 졸릴 때는 10분만 잠깐 자도 머리가 맑아진다.

5. 껌을 씹어 뇌를 자극해 준다.

▶ 졸지 않아야겠다는 강한 의지를 껌을 씹어 반영시켜야 한다.

6. 노래를 부른다.

▶노래를 불러 졸지 않아야겠다는 강한 의지를 반영시켜야 한다.

◈ 고속도로 빠져나가기

1. 나가려는 IC의 안내 표지판이 멀리서부터 보이면, 가장자리 차선으로 미리미리 진입한다.

※ 미리미리 차선변경을 하지 않고 IC를 발견한 후에 갑자기 가장자리로 차선 변경하면 위험해진다.

2. 표지판은 최소 2km 지점에서부터 나가려는 IC를 알려준다.

※ 내비게이션에도 집중하여 실수하지 않도록 하자.

3. 진출 램프에 들어온 순간, 잘못된 진출로 판단되어 급감속하거나 정지를 하면 뒤에 오는 차와의 추돌사고로 이어질 수도 있게 된다.

4. IC를 잘못 진입했을 때는 그대로 나가서 다른 길을 택하거나 재진입을 하면된다.

◈ 고속도로를 빠져나온 후에는

1. 고속도로를 빠져나온 후에도 고속주행감이 계속 남아있기에 본의 아니게 속도위반을 하게 된다.

2. 본의 아니게 과속할 수 있으니, 내비게이션이나 속도계를 자주 확인해서 주행속도를 체크하자.

2. 교통사고 대처하기

교통사고 대처방법

1. 교통사고가 나면 차에서 내리기 전에 즉각 비상등부터 켠다.

2. 차에서 내릴 때는 사이드미러로 뒤에 오는 차들의 상황을 살핀 후에 내린다.
3. 차에서 내려 큰 부상자가 있는지 부터 우선 확인한다.

4. 부상이 심한 사람이 있으면 신속히 119에 신고하여 병원으로 후송한다.

119에 신고

5. 뒤에 오는 차와 옆으로 지나가는 차를 조심하면서 사진을 전체적으로 찍은 후에 세부적으로(앞. 뒤. 좌·우, 대각선, 스키드마크, 파편 등) 모두 찍어 현장기록을 해 둔다. ※상대 차량 번호판이 보이도록 해서 차량 모습을 찍어둔다.
   - ▶ 가해자가 자기 차를 사고장소에서 뺐다면, 피해자인 내 차만이라도 현장 사진을 모두 찍어둔다.

※ 즉, 보험회사 직원과 경찰관이 과실을 정확히 판별할 수 있도록 필요한 증거물들을 확보해둔다.

6. 경찰에 신고한다.(112신고 또는 관할 경찰서 신고)
7. 가벼운 사고이고 사고로 인해 교통체증이 유발되고 있다면 사진을 찍은 후에 길 가장자리로 차를 빼준다.
8. 비교적 큰 사고이거나 차를 뺄 상황이 아니라면 차량 뒤쪽 30~50m쯤에 안전삼각대를 설치해서 2차 사고를 방지해야 한다. (야간에는 두 배 멀리 세운다)
   ▶ 차 안에 있던 사람은 2차사고를 피해야 하기에 안전한 길 가장자리로 대피해야 한다.
   ▶ 특히 고속도로에서는 100m쯤의 후방에 안전삼각대를 설치해서 2차서고를 막아야 한다. (야간에는 두 배 멀리 세운다)
   ▶ 이때 달려오는 차들을 극도로 조심하면서 안전삼각대를 설치해야 한다.
   ※ 고속도로에서의 2차 사고는 대형 사고로 이어지기에 사람이 차 안에 있어서는 안 되며, 안전한 갓길로 대피해야 한다.
9. 사고 차량 들의 블랙박스 영상물은 보험회사와 경찰에서 가해자와 피해자를 구별하는데 있어 중요한 역할을 하게 된다.
   ※ 영상물을 보험회사와 경찰서에 제시한다.

10. 목격자가 있다면 증인으로 확보해 두는 게 좋다. (목격자의 핸드폰 번호 등)

11. 피해자가 몸이 좀 안 좋다면 의사의 진단을 받아둔다….
    ▶ 그렇게 해야만 훗날 후유증이 발생했을 때 보험 혜택을 받을 수가 있게 된다.
12. 본인 차의 보험 가입회사에 전화해서 사고사실을 알리고, 사고처리에 대한 조언을 듣는다.

■ 뺑소니 사고

뺑소니, 가중처벌

1. 교통사고를 내고 도주하면 가중처벌 된다.
   ▶ 특히 중상자가 발생했을 때 뺑소니를 하면, 살릴 수 있는 생명을 짓밟아 버린 것과 같은 것이기에 뺑소니는 무조건 가중처벌을 하게 된다.

뺑소니는, 결국엔 검거된다.

2. 피해자 차량 블랙박스, 주변 차량 블랙박스, 도로상의 중 장거리 등 모든 교통 카메라를 종합적으로 판독해서 과학수사가 이루어지기에 뺑소니는 결국엔 검거된다.

3. 비상시 응급조치

◈ 발전기 고장 시 조치방법

1. 발전기는 엔진 동력에 의해 전기를 실시간으로 생산하여 배터리를 통해 차에 공급한다.

2. 하지만 발전기가 작동을 멈추면 계기판에 '충전경고등'이 뜨면서 배터리에 있는 저장되었던 전기를 꺼내 쓰게 된다.

3. 발전기가 고장 나면 배터리에 있는 전기는 짧은 시간 안에 소진되어 엔진이 멈추게 된다.

▶ '충전경고등'이 들어왔다면 즉각 카센터나 정비소로 향해야 한다.

◈ 오버히트(과열) 시 조치방법

1. 오버히트란?

엔진의 열을 식혀주는 냉각수가 이상 고온으로 끓어 넘치는 현상을 말한다.

2. 온도계의 중앙쯤에 있어야 할 냉각수 온도계의 바늘이 H 쪽으로 눈금 1칸 이상을 넘어갔거나,

3. 엔진룸에서 연기 같은 뭔가가 피어오른다면 오버히트일 가능성이 매우 높은 것이니, 즉각 차를 안전한 곳에 세우고 신속히 조치해야 한다.

▶ 발견 즉시 신속히 대처해야만 엔진이 눌어붙는 등의 치명상을 막을 수 있다.

◈ 오버히트의 주요 원인

1. 냉각수 부족 또는 유실
2. 냉각팬 고장
3. 팬벨트 끊김
4. 온도 센서 고장
5. 온도조절장치 고장
6. 기타

◈ 오버히트 대처하기

1. 냉각팬이 안 돌아가거나 팬벨트가 끊어졌을 때는 차를 안전한 곳에 세운 후 엔진을 즉각 끄고 다음과 같이 조치한다.
   ① 보닛을 열고 냉각수(부동액) 보조 통 물의 잔량을 확인한다.
   ② 물이 없다면 Max 선까지 보충한다.

   ③ 라디에이터의 캡을 두꺼운 타올로 감싸고 왼쪽으로 아주 천천히 돌려 캡을 연다
   ※ 캡을 여는 방법 참조 (다음 페이지)
   ④ 물이 넘칠 때까지 조금씩 넣고 캡을 닿는다.

⑤ 보조 탱크의 물의 양을 재점검한다.

※ 냉각수를 보충해도 온도가 또다시 H 쪽으로 올라가거나 수증기가 또다시 피어오른다면 카센터나 정비소로 견인해야 한다.

2. 냉각팬이 돌아가고 팬벨트가 끊어지지 않았을 때는 차를 안전한 곳에 세운 후 엔진을 끄지 않고 다음과 같이 조치한다.

① 보닛을 열고 냉각수(부동액) 보조 통 물의 잔량을 확인한다.

② 물이 없다면 Max 선까지 보충한다.

③ 라디에이터의 캡을 두꺼운 타올로 감싸고 왼쪽으로 아주 천천히 돌려 캡을 연다

※ 캡을 여는 방법 참조 (다음 페이지)

④ 물이 넘칠 때까지 조금씩 넣고 캡을 닿는다.

⑤ 보조 탱크의 물의 양을 재점검한다.

※ 냉각수를 보충해도 온도가 또다시 H 쪽으로 올라가거나 수증기가 또다시 피어오른다면 카센터나 정비소로 견인해야 한다.

◈ 라디에이터 캡을 여는 방법

1. 냉각수 보조 탱크에 물을 채운다.
2. 두꺼운 타올로 힘주어 캡을 감싼다.
   ※ 뜨거운 물이 솟구치는 걸 막기 위함.
3. 시계 반대 방향으로 1/4바퀴 돌린다.
4. 캡을 감싸고 눌러, 1/4바퀴를 더 돌려 캡을 연다.
5. 물이 넘칠 때까지 조금씩 넣고 캡을 닫는다.
6. 닫을 땐, 열 때의 역순으로 한다.

※ 냉각수(부동액)는 부동액이 아닌 일반 물을 쓰면 시일이 지나면서 라디에이터의 내부가 부식되거나 겨울철에 결빙이 되어 엔진 냉각에 장애가 생기므로, 응급조치 후에는 바로 부동액으로 교환해야 한다.

◈ 오버히트가 발생했을 때 견인을 해야 하는 경우

1. 팬벨트가 작동되지 않는 경우
2. 냉각수를 보충해도 물의 양이 조금씩 줄어드는 경우
3. 응급조치 후 또다시 냉각수 온도계가 H 쪽으로 올라가거나, 오버히트가 재현되는 경우
   ※ 견인 시 애는 가입한 보험사에 연락하여 무료견인을 받는다.

4. 기본적인 차량관리

1. 운전자가 알아야 할 엔진룸의 기본사항

1) 냉각수(부동액) 보조 탱크

*경고! : 냉각수 부족 등으로 엔진이 과열되면 오버히트 또는 화재로 이어진다.

2) 워셔액 통

3) 라디에이터 압력 캡

4) 냉각팬 (라디에이터 팬/에어컨 팬)

5) 발전기

6) 팬벨트

7) 엔진오일 주입구

8) 엔진오일 게이지

9) 자동변속기 게이지

10) 파워스티어링(동력 방향 조절장치) 오일탱크

11) 브레이크 오일탱크

12) 배터리

13) 에어필터

14) 퓨즈 박스

※ 위의 14가지는 차량마다 장착 위치가 다르므로 카센터, 정비소, 차량 구입처 등에서 알아보거나 차량사용설명서를 참조한다.

※ 위의 14개 중에서 1, 2번은 운전자가 직접 주기적으로 보충해 주어야 하므로 꼭 알고 있어야 한다.

2. 엔진오일 교환주기

5,000km~10,000km마다 교환

엔진오일 교환주기는 이론적으로는 10,000km로 알고 있지만, 실제 운행을 해보면 엔진소리와 연료 소모량 면에서도 5,000km가 적정선임을 민감한 사람은 알게 된다.

3. 엔진오일 교환주기를 쉽게 기억하고 확인하는 방법

▶ 총주행 거리를 기준으로 5,000km마다 교환한다.

〈예시〉

1) 차량출고 후 총주행 거리가 5,000km를 넘어 6,500km가 되었다면 즉시 교환하고,

2) 다음에는 조금 앞당겨 3,500km 후인 10,000km에서 교환한다.

▶ 즉, 총 주행거리를 5,000km 단위로 기억하면 편리하다.

※ 다른 오일 등의 교환주기도 총주행 거리를 기준으로 관리해 나가도록 하자.

4. 에어필터 교환주기

5,000km마다 교환

※엔진오일 교환 시마다 함께 교환

5. 냉각수 교환주기

40,000km마다 교환

6. 파워스티어링(동력 방향 조절기) 오일 교환주기

40,000km마다 교환

7. 브레이크 오일 교환주기

40,000km마다 교환

8. 자동변속기 오일 교환 주기

40,000km마다 교환

9. 배터리 교환주기

3년~5년

※ 발전기 고장 또는 엔진이 꺼진 상태에서 전기를 과도하게 사용하다 방전을 당하면, 배터리 수명이 급속히 짧아진다.

10. 타이어 위치교환 주기

10,000km마다 위치교환

1) 타이어는 승차감과 안전에 직결된다.
2) 타이어의 마모속도는 4개가 모두 다르게 된다.
3) 동력이 연결되고 무거운 엔진룸 밑에 있는 앞바퀴의 타이어가 뒷바퀴의 타이어보다 먼저 마모된다. 그 마모속도 비율은 6대 4 정도로 보면 된다.
4) 타이어를 안전하게 오래 쓰고 차를 보호하려면 타이어 위치교환을 10,000km마다 주기적으로 카센터 등에서 해주어야 한다.
5) 타이어 상태의 불균형이 심하면 연료도 더 먹히고 승차감도 떨어지며, 핸들 떨림 현상도 일어나게 된다.
6) 위치교환은 앞타이어를 뒤쪽으로 이동시키고, 뒷타이어는 앞쪽으로 이동시킨다. 이때 대각선으로 교차시킨다.

11. 타이어 교환주기

1) 타이어의 발톱 길이가 1.6mm로 내려갔다면 교환 시기가 된 것이다.
   ▶ 500원짜리 동전을 타이어 나선형 홈에 넣어보아, 동전 제조연도가 보인다면 교체 시기가 된 것이다.
2) 발톱이 길다 해도 타이어가 5년이 넘었다면 부식을 감안하여 교환해야 한다.
4) 교환 시점을 잘 모르겠으면, 카센터 등에 점검을 의뢰한다.

13. 휠 밸런스의 중요성

1) 시속 100km쯤 달릴 때, 또는 고속으로 달리다가 감속을 할 때, 핸들이나 차체 또는 바퀴가 떨린다면 휠 균형이 안 맞는 것이다.
2) 속도가 높을수록 떨림의 강도는 더 커진다.
3) 저속에서도 떨리는 건데, 잘 느끼지 못하고 있다.
4) 떨리게 되면 운전 피로가 가중되고, 연료가 더 먹히며, 타이어 마모가 빨라지고, 차 노후화도 빨라지게 된다.
   ▶ 신속히 카센터 또는 정비소에 들러 교정해야 한다.
   ※ 휠 균형 교정비는 10만 원 이하이다.

5) 휠밸런스가 틀어지는 주요 원인은 다음과 같다.
   ① 과속 지턱 등을 빠른 속도로 넘어가 충격을 주었을 때
   ② 움푹 파인(포트홀) 아스팔트 등을 빠른 속도로 지나가 충격을 주었을 때
   ③ 비포장도로 등의 요철 구간에서 차체의 흔들림이 심했을 때
   ④ 인도 블록 또는 큰 돌멩이 등으로 바퀴가 충격을 받았을 때
   ▶ 위와 같은 상황들이 누적되면 떨림 현상으로 이어진다.

♣ 안전운전으로 행복하세요~

안전운전을 위하여
운전자가 꼭 봐야 할 책

발 행 일 2024년 1월 5일 초판 1쇄 인쇄
2024년 1월 10일 초판 1쇄 발행

저 자 장동수

발 행 처 크라운출판사 http://www.crownbook.com

발 행 인 李尙原
신고번호 제 300-2007-143호
주 소 서울시 종로구 율곡로13길 21
공 급 처 (02) 765-4787, 1566-5937
전 화 (02) 745-0311~3
팩 스 (02) 743-2688, 02) 741-3231
홈페이지 www.crownbook.co.kr
I S B N 978-89-406-4746-2 / 13330

특별판매정가 12,000원

이 도서의 문의를 편집부(02-6430-7012)로 연락주시면 친절하게 응답해 드립니다.